Alfred Komarek

Anstiftung zum Innehalten

Mit Fotos von
Alfred Komarek

:STYRIA

Inhalt

Sehnsucht,
zeitweise

Während Sie dieses Buch in Händen halten, liebe Leserin, lieber Leser, halte ich inne. Ich tu's allerdings nicht aus eigenem Antrieb, sondern weil mir nichts anderes übrig bleibt. Als fauler Mensch fange ich nämlich immer wieder viel zu spät mit dem Schreiben an. Dann geht es viele Wochen lang Tag und Nacht dahin, einmal verzweifelt, einmal lustvoll, dumpf in der Sackgasse hockend oder mit irrem Gelächter Abgründe überspringend. Ist das Manuskript dann fertig, fürs Erste wenigstens, bin auch ich fertig, nur noch zu Tätigkeiten fähig, für die der Intelligenzquotient eines Pantoffeltierchens locker ausreicht. Natürlich versuche ich dann eine solche stumpfsinnige, von übel gelaunter Lethargie und sozialer Unverträglichkeit geprägte Phase als schöpferische Pause zu sehen. Aber da wird nicht geschöpft. Da tut sich nichts, rein gar nichts. Und weil sich das bald einmal ändern sollte, stürze ich mich blindlings in ein neues Vorhaben, das mich natürlich überfordert, doch irgendwie bewältigt werden muss, mit letzter Müh und Not. Und anschließend? Siehe oben. Auf diese Weise treibe ich mich munter vor mir her und wenn ich wieder einmal feierlich verkünde, es im nächsten Jahr gemächlich, gelassen und entspannt anzugehen, geradezu träge, ernte ich – je nach Gemütsart meines Gegenübers – hämisches Gelächter oder jenes feine Lächeln, das normalerweise altklugen Kindern oder kindischen Greisen gilt.

Ich bemerke auch ein gewisses Talent an mir, selbst im Grunde genommen lustvolle oder gar triumphale Augenblicke des Innehaltens zu verpatzen, zum Beispiel Gipfelsiege. Viele waren mir ja nicht gegönnt, und es werden kaum noch welche dazukommen. Ich zähle nämlich zu jenen drahtig-kühnen Wanderern, die von erfahrenen Bergführern schon auf etwas steileren Almwiesen angeseilt werden, und bin – um die Sache abzurunden – nicht schwindelfrei.

Der erste Gipfelsieg, von dem ich errötend berichte, kommt übrigens ohne Gipfel aus. Sark ist eine kleine, aber bemerkenswerte Insel im Ärmelkanal: Im Jahr 1565 gefiel es Elisabeth I., das Eiland als erbliches Lehen zu vergeben. Seitdem hat sich wenig geändert. Der Seigneur amtiert in seiner Seigneurie ganz im Sinne jener legendären „Dame of Sark", Sibyl Anne Hathaway, welche dereinst die britische Königin mit einem Whiskyglas in der Hand und den Worten „Sir, I'm your man!" begrüßte. Neben durchwegs einträglichen Rechten als Lehensherr darf sich der Seigneur auch darüber freuen, als einziger Bewohner von Sark Tauben und Hündinnen halten zu dürfen. Die Gestalt der Insel entspricht durchaus diesem eigenwilligen Selbstverständnis: ringsum steil abfallender Fels, oben flaches Grünland. Ich war im Auftrag eines Reisemagazins mit einem Fotografen dort. Letzterer war fleißig, ich war faul, aber neugierig und folgte einem schmalen Klippenpfad, der umso schmäler wurde, je mehr sich die Klippen der Senkrechten annäherten. Nach gut zwei Stunden endete der Pfad. Ich stand recht verzagt da, sehr tief unter meinen Füßen die gischtende See. Der weite Rückweg konnte mich so gar nicht begeistern, aber ein hoffnungsvoller Blick nach oben ließ Tröstliches erkennen: Der Fels war dort nicht ganz so steil und nach ein paar hundert Metern von freundlichem Grün bedeckt. Sogar ich konnte es offenbar weglos wagen, auf allen Vieren zuerst, dann kühn und aufrecht, bis die ersten Büsche erreicht waren, Dornbüsche allesamt. Ein kurzer Blick nach unten überzeugte mich in eindringlicher Klarheit davon, dass die Dornen das kleinere Übel waren. Im schlimmsten Fall würde ich mich unentrinnbar verfangen und musste eben wie ein verirrtes Schaf auf die Befreiung durch einen feixenden Insulaner warten. Im Nachhinein stelle ich anerkennend fest, dass mein Vorwärtsstreben damals zwar mühsam und schmerzlich, aber stetig war, nur ab und zu von Stürzen in gut getarnte Hohlräume

unterbrochen. Das schmutzige Gelächter und die lästerlichen Flüche, die meinen Weg vorerst begleiteten, wurden allmählich leiser und wichen endlich einem verbissenen Schweigen. Es dauerte keine zwei, drei Ewigkeiten und schon war die ersehnte Höhe erreicht. Ich, eine in zerfetzte Lumpen gehüllte Jammergestalt, kroch mit dem fast schon zur Gänze geschwundenen Rest meiner schwachen Kräfte aus dem Gebüsch und hielt schwer atmend inne. Sieg! Triumph des Willens! Lohn der Angst! Ich fing eben damit an, mich daran zu berauschen, als ein preußischer Insel-Urlauber schneidig grinsend vor mich hin trat. „Na? Einmal runter und einmal rauf und schon müde?"
Meinen hasserfüllt lodernden Blick nahm er nicht wahr, und als ich ihn gerade in Gedanken entdärmte, vierteilte, in kleine Stücke zerriss und den Geiern zum Fraß vorwarf, war er längst meinen Blicken entschwunden.
Ja, und dann Gran Canaria … nur einer wie ich kann auf die idiotische Idee kommen, sich dort unter Anleitung eines entmenschten Tiroler Bergführers gipfelwärts zu begeben. Natürlich hatte ich nicht bedacht, dass die heiteren Insulaner Besseres zu tun hatten, als sich in der Höhe vor der Tiefe zu fürchten, und die Berge daher weglos blieben. Der Pozo de las Nieves ist ein ausnehmend unnahbarer Kerl,

schroff, zerklüftet, zornig aufragend. Irgendwo habe ich gelesen, er sei ein „zu Stein gefrorenes Gewitter“. Das mag so manchen abschrecken. Mich nicht! In der kleinen Gruppe kerniger Bergfexe wurde mir immerhin der Ruf eines Feiglings, der sich trotzdem traut, zugestanden. Der Fotograf ist nicht ganz so gut weggekommen: langhaarig, sanftäugig, nachlässig gekleidet und immer ein gutes Stück hinterher. Tausendneunhundertfünfzig Meter angesichts Schwindel erregender Höhen und gierig gähnender Abgründe … Und dann, als köstliche Essenz unsäglicher Stunden, der Gipfel! Das heißt, noch nicht ganz der Gipfel. Da gab es nämlich eine kleine, aber steilwandige Felskuppe, und nur da oben war wirklich oben. Kalter Schweiß auf der Stirn, innere Zerrüttung und dann die bittere Erkenntnis: Es muss wohl sein. Hinauf also, mit der Grazie eines dicklichen und in die Jahre gekommenen Geckos, den putzigen Gipfel-Obelisken krampfhaft umarmend, faustisches Gedankenfeuer: Und sollt ich je zum Augenblicke sagen, verweile doch, du bist so schön, will ich getrost zugrunde gehen. Ein schaudernder Blick aufs Meer und ein entsetzter Blick auf den Fotografen: Er, wieder einmal zurück geblieben, hatte einfach abgekürzt und den direkten, annähernd senkrechten Weg genommen. Der Unhold schaute mir fröhlich entgegen und machte

am Felsrand einen Handstand, einhändig, versteht sich.
Als sich der dritte Gipfelsieg abzeichnete, der Fujiyama, war ich aber gewappnet. Der Fotograf, stark wie ein Stier und rührend jung, kam aus Bremen. Es lag also an mir, die Bergerfahrung des Alpenbewohners unauffällig, aber in grausamer Konsequenz gegen sein jugendliches Ungestüm auszuspielen. Der Stier stürmt also bergwärts, ich füge in mürber Bedachtsamkeit Schritt auf Schritt. Übernachtung vor dem Gipfelsturm. Um drei Uhr früh wecke ich fröhlich scherzend meinen Begleiter. Er hievt mit unendlicher Mühe ein Augenlid hoch, murmelt „Ich hasse dich!“ und schläft weiter. Miso-Suppe, Seetang und rohes Ei zum Frühstück. Das Leben ist eins der schönsten. Ja und dann, eine Ahnung von Morgenröte zu Füßen, der Gipfel, dreitausendsiebenhundertsechsundsiebzig Meter über dem Meere. Ich weiß einen Fotografen, irgendwo, weit hinter mir und tief unter mir, dem ich natürlich wünsche, dass auch er es schaffen möge, irgendwann, ich bin da nicht so. Aber dieser magische Moment gehört nur mir und den vielen, vielen Japanern, die auch hier oben sind. Ich fühle mich ihnen zutiefst, nein, zuhöchst verbunden in der Ausgesetztheit am Rande der Nacht dicht unter dem Himmel, unendlich weit über den Banalitäten des flachen Landes. Ich hätte

allerdings nicht nach rechts schauen sollen: Dort stand nämlich eine Telefonzelle.

Sollte ich also wirklich kein Talent für erfüllte Muße haben, für die kostbare Zeitlosigkeit zwischen zwei Pendelschwüngen? Keine Rede davon. Aber jenes Innehalten, das eben sein muss, weil zu allem anderen die Kraft fehlt, zählt nicht, und magische Augenblicke, auf die allzu eifrig und bemüht hingestrebt wird, sind störanfällig, ob Gipfelsieg, ob Orgasmus oder wer weiß was.

Freiwillig und freudig muss es geschehen: ein zielloses Streunen und Mäandrieren, offen für alle denkbaren Ziele und für die undenkbaren erst recht, Zeit, die nicht mehr den Uhren gehört, Gedanken, die nichts müssen, aber alles dürfen, unverschämte Lust am Sein. Ich denke, es wäre sogar klüger, nicht nur dem Tagedieb in mir ungeniert Raum zu geben, sondern auch das wohl dressierte Zirkuspferd in mir nicht nur termingerecht in die Arena zu jagen, es zwischendurch laufen, springen und ruhen zu lassen, wie es will und wo es will und mit wem es will. Kurz gesagt: Ich weiß ja, wie es geht, und ich kann's ja auch immer wieder einmal. Und nächstes Jahr wird ohnehin alles anders. Wetten?

Kinder-Zeit

Mein Elternhaus steht in Bad Aussee, im steirischen Salzkammergut: ein adrettes Gebäude aus den 30er Jahren des vergangenen Jahrhunderts, ringsum ein großer, ziemlich unebener Garten. In der Volksschule hat man mir erzählt, hier wären dereinst Franzosenschanzen aufgeschüttet worden. Schanzen waren mir damals nur als Sprungschanzen vertraut, also war ich recht stolz auf die sportliche und auch noch internationale Vergangenheit meiner grünen Kinderwelt. Es gab kleine, aufregend schroffe Steinmauern, ein dichtes Holundergebüsch, bereit, alle Heimlichkeiten in seinem umwucherten Dunkel zu bergen, und einen ummauerten Brunnen, einen viereckigen Ozean. Wenigstens einmal im Jahr bin ich dort ins Wasser gefallen, vorzugsweise spät im Herbst, weil dann die mütterlichen Klagerufe umso eindrucksvoller klangen. Das ist lange her. Ich hatte seitdem an die sechzig Jahre Zeit, erwachsen zu werden. Es ist mir bis heute nicht ganz gelungen. Das mag ein Grund dafür sein, dass aus der Rückkehr ins Elternhaus auch eine durchwegs geglückte Zeitreise geworden ist. Ich wohne jetzt wieder dort, wenigstens ein paar Tage, Monat für Monat, und wenn ich des Abends sachte knarrend mit einem Schaukelstuhl eins werde, ist das keine Alterserscheinung, ganz im

Gegenteil. An einem Sommertag in den frühen 1950ern stand ein Kind namens Alfred, noch unbehelligt von Uhren oder gar von Stundenplänen, in kurzen Lederhosen und mit bloßen Füßen hinter der Gartentür und schaute auf die große, weite Welt da draußen. Nicht alles an ihr war fremd. Befreundete Katzen kamen des Weges, Hunde, denen nicht ganz zu trauen war, an Wochentagen der Briefträger, kurz vor Mittag. Jenes uralte Weiblein, das damals vor mir stehen blieb und mich sinnend betrachtete, erinnerte jedoch allenfalls an Bilder in Kinderbüchern, war also vermutlich eine Hexe. Auch ein schaurig vereinzelter Zahn, den sie bleckte, ließ nichts Gutes vermuten. Ihr dürrer Zeigefinger zielte auf mich und dann fragte sie mit Honigseim in der Stimme, ob ich einen Schaukelstuhl haben wolle. Ich nickte vorsichtshalber und war Tags darauf Eigentümer eines Schaukelstuhls. Erst war er mir unheimlich mit seinem kühn gebogenen Holz und den befremdlichen Bewegungen. Aber ich wachte eifersüchtig darüber, dass er auch weiterhin mir gehörte. Wer zwei ältere Brüder hat, tut gut daran, sein ohnehin sehr kleines Territorium mit allem Hab und Gut zu bewahren und zu verteidigen. Als sich mir Jahre später, in der heißen Phase meiner Pubertät, die Frage stellte, was anzufangen sei mit unvermutet ungelenken Gliedmaßen, frechen Gedanken, wollüstigen Träumen

und sündhaften Fantasien, erwies sich der Schaukelstuhl als willkommener Zufluchtsort. Sein spielerischer Umgang mit dem Gleichgewicht gab Antwort auf meine begehrliche Unrast, Veränderung und Verwirrung. Der Schaukelstuhl war eben kein Sessel, dem nichts Besseres einfiel, als auf allen Vieren herumzustehen. Bewegung und Stillstand, Unruhe und Ruhe waren eins für ihn. So blieb er mir lange ein guter Freund. Aber für einen Jüngling mit Nylonhemd und Plastik-Krawatte, der begeistert von Versuchen las, Radieschen mit Atomstrahlung zu düngen, war der Schaukelstuhl dann doch zu einem enttäuschend altmodischen Möbelstück geworden. Außerdem klaffte seit geraumer Zeit ein großes Loch im Sitzgeflecht.
Heute haben Hemden und Krawatten ihre textile Würde wieder und mein fröhlicher Glaube an jeglichen Fortschritt ist wohlbegründeter Skepsis gewichen. Der Schaukelstuhl ist repariert und daneben liegen jene Zeitschriften, die dereinst dem noch aufregend jungen Wirtschaftswunder huldigten und denen, die dafür sorgten, dass es geschah: Menschen einer Zeit, die alles sein durfte, Hauptsache, es war modern. Menschen am Vorabend des Wirtschaftswunders hatten es verständlicherweise eilig, ihrer bedrückenden Vergangenheit zu entkommen, auf kürzestem Wege ins verheißungsvolle Morgen,

gemacht aus buntem Plastik, Stahlbeton, Italienurlaub und Steak Hawaii. Mit unzähligen schon so gut wie erreichten Zielen vor den Augen kam es nur noch darauf an, schneller und besser zu sein als andere. Wer damals Muße hatte, war ein Versager – oder er trug einfach die falsche Unterwäsche, wie 1961 in einem Inserat nachzulesen war: „Der Mann von heute ist dauernd in Aktion, bei der Arbeit, auf der Reise, zu Hause und im Geschäft – er ist immer in Eile. Privatleben und Beruf verlangen von ihm also immer größere Bewegungsfreiheit. Er verbindet daher sicheres und korrektes Auftreten mit dem Komfort der Unterwäsche." Wem das nicht reichte, der setzte auch noch den richtigen Filz aufs felsenfest Brisk-frisierte Haupt und vertraute der werblichen Verheißung: „Ja, mit dem Hut winkt der Erfolg!"

Fernab erfolgsträchtig winkender Hüte genieße ich heutzutage die Rückkehr in meinen Schaukelstuhl auch als wohlig-wunschlose Abkehr von der Leistungsgesellschaft, der Informationsgesellschaft und von all den Gesellschaften, die uns noch blühen werden. Ich schaukle vor mich hin, lese Donald Duck oder Friedrich Paulsens *Einleitung in die Philosophie*, blättere ungeniert im *Wiener Magazin*, dem in Österreich unbestritten verruchtesten Druckerzeugnis der 1950er Jahre, und trinke Grünen

Veltliner aus dem Weinviertel dazu (auch das Weinviertel ist Heimat und Zuhause für mich, aber anders Heimat). Vaters Pendeluhr tickt und schlägt, wie sie will, die Gebote der Zeitmessung leichthin missachtend. Vor den Fenstern ist die Nacht schwarz, wie es sich gehört, mit nur wenigen Lichtern darin, und jedes Licht hat mir etwas zu sagen oder gar eine kleine, heimelige Geschichte zu erzählen. Manchmal spielt auch noch eines meiner zahlreichen Radios mit. Mein Bruder Peter – von ihm wird später noch die Rede sein – argwöhnt ja, ich sei nur ins gemeinsam ererbte Haus eingezogen, um in der von Radios und anderem Spielzeug verstellten Wiener Wohnung Lebensraum zu gewinnen. Da mag er so unrecht nicht haben, aber es ist nun einmal so: Seit ich Radios kenne, faszinieren mich eben diese Übermittler von Klangwelten und Botschaften, die sich im Kopf mit meiner Innenwelt immer wieder neu und anders vermischen und verbinden. Fernsehen ist plakativ, Radio ist kontemplativ. Na ja, auch nicht immer. Aber Ö1 sei innig gepriesen. So viel kann ich gar nicht um die Ohren haben, dass ich es versäumen würde, nach neun Uhr Vormittag ein opulentes Frühstück mit dem *Radiokolleg* zu würzen oder gar am Sonntag mit der *Patina* des verehrungswürdigen Radiomenschen Roland Knie. So voll kann der Koffer gar nicht sein, dass nicht ein Radio darin Platz fände, für irgendein Wort zur guten Nacht, für irgendeine kleine oder große Nachtmusik. Als Kind habe ich mich sogar als Radio neu erfunden: abends, unter der Bettdecke Nachrichten, misstönende Gesänge und Geräusche sendend und empfangend. Dieses Radio damals hat den jeweils vergangenen Tag für mich beschrieben, kommentiert, reflektiert und vertont. Und es gab jede Menge Inhalt, so lange jedenfalls, bis die Schule mit dem Gymnasium zum Beruf wurde, zum wenig geliebten noch dazu, weil viel Zwang, Angst und Zeitdruck damit verbunden waren. Als Kind durfte ich aus allem, was in mir und um mich war, meine Welt erschaffen, und auf meinem Weg durch die Zeit gab es nur wenige Orientierungspunkte: wach sein, essen, schlafen, die Jahreszeiten, die bedächtige Abfolge von Festen und das im Ausseerland bis heute lebendig gebliebene Brauchtum. Nicht einmal die Volksschule machte sich ungehörig breit, sie und ihr Stundenplan waren nicht viel mehr als ein regelmäßig gespieltes Spiel mit ein bisschen strengeren Regeln. Damals lernte ich an einem Modell aus Karton auch die Uhrzeit näher kennen – offenbar gemeinsam mit dem Kalender eine jener zahlreichen Einrichtungen, mit denen sich Erwachsene wichtig machten, weiß der Teufel, warum. Ich wundere mich noch heute darüber, dass ich gewaltiges Gelächter erntete, als mich der Lehrer dazu aufforderte, der Klasse mein Lieblingslied vorzusingen und ich im Wonnemonat Mai „Stille Nacht" intonierte. Weihnachten war nun einmal mein Lieblingsfest und ich war eben bestrebt, es das ganze Jahr über zu feiern, mit Vorfreude, Freude und Nachfreude. Natürlich sorgte ich auch dafür, dass es nicht nur bei frohlockender Besinnlichkeit blieb. Als ich mit dem Dreirad und später mit dem Tretroller, der dann Jahrzehnte später zum Lieblingsspielzeug der sich immer kindlicher gebärdenden urbanen Gesellschaft mutierte, erste Stufen der Mobilität erklommen hatte, war es nämlich höchste Zeit, andere Gärten anzusteuern und zu erforschen. Auf einer dieser Reisen fing ich sogar ein kleines Mädchen ein, mit dem es sich viel schöner spielen und träumen ließ als mit Buben, die immer nur wissen wollten, wer der Stärkere oder der Schnellere war – und der war ich so gut wie nie. Wie auch immer, ob Freundin oder Freund, den wahren Wundern stellt sich der hehre Held ja doch allein. Der Weg zur Volksschule bot schon einmal zahlreiche Möglichkeiten. Er folgte dem Flüsschen Traun, durchquerte das Ortszentrum und den Kurpark. Meine Welt war damit ein gutes Stück über den Garten und die Nachbargärten hinaus gewachsen, und nachdem ich mich einigermaßen darin zurechtgefunden hatte, galt es, mit List und Wagemut dafür zu sorgen, dass aus dem Weg eine reizvolle Reihe von Umwegen wurde, allesamt geheim, sehr geheim, abenteuerlich und gefährlich. Das Durchstreifen dieser verschlungenen Pfade war natürlich nicht im Handumdrehen erledigt, ich musste ja auch nach allfälligen Räubern und wilden Tieren Ausschau halten, mich vor heimtückischen Fallen wappnen oder solche errichten. Dennoch blieb jede Menge Zeit für erste Leseabenteuer, für unendliche Irrfahrten auf den Meeren der Fantasie und für vergleichsweise banale Unterfangen wie das Basteln (und die beherzte Anwendung) einer Steinschleuder oder einer Haselnusspfeife. Ich frage mich, warum die Zeit damals so unglaublich geräumig war und warum sie heute so eng geworden ist, als wäre sie irgendwann zu heiß gewaschen worden.

Einmal haben aber Kinderzeit und Erwachsenenzeit zueinander gefunden. Meine Eltern vermieteten damals eines der Zimmer an Urlauber, weil Geld ins Haus musste. Ein Gast war weiblich, um die dreißig, also steinalt in meinen Augen, aber dennoch unendlich schön. Das Fräulein kam aus Dortmund, wo immer das sein mochte, und hatte in einer Bank doch wirklich Karriere gemacht. Ich konnte mir darunter nichts vorstellen, aber mein Vater sagte, das sei schon eine Leistung für eine Frau und es wundere ihn nicht, dass ihr dabei keine Zeit geblieben war, auch noch einen Mann fürs Leben zu finden. Aber dem konnte ja abgeholfen werden, noch dazu, wo das Fräulein und mich eine spontane Zuneigung verband. Sie wurde also zu meiner kindlichen Freundin und ich zu ihrem großen, starken, klugen und welterfahrenen Freund. Als solcher brauchte ich keine Bedenken zu haben, mit ihr im Todessumpf Sauerampferblätter zu kauen, den gräulich kahlen Geierfelsen zu besteigen und in der von älteren Buben gezimmerten Baumhütte finstere Ränke zu schmieden. Nach einer Woche Abenteuerurlaub kehrte sie mit geröteten Wangen und leuchtenden Augen nach Dortmund und in ihre Bank zurück. Ich ließ sie ungern ziehen, war aber rasch getröstet, als wenige Tage später ein Paket eintraf, in dem ein Lastauto aus bunt lackiertem Blech steckte, verschwenderisch beladen mit den Schätzen dieser Welt. Neulich habe ich übrigens vernommen, dass Führungskräfte von Trainern dazu angehalten werden, über schwankende Seilbrücken zu gehen, um den Umgang mit dem labilen Gleichgewicht zu üben, flexibles und sensibles Verhalten in komplizierten Situationen oder Beziehungsgeflechten. Das Fräulein damals brauchte keinen Trainer – es gab ja mich.

Das alles ist lange her. Aber als ich vor einigen

Jahren seit Langem wieder einmal jenes Zimmer im Elternhaus betrat, in dem ich als Zwölfjähriger die ersten Zeilen zu Papier gebracht hatte, die man mit viel gutem Willen als literarisch bezeichnen konnte, war mir der Knabe von damals seltsam nahe und vertraut. Es hat sich im Prinzip ja wenig geändert: Ich will immer noch schreiben, das ziellose, doch durchaus nicht ratlose Chaos im Kopf ist um nichts ordentlicher geworden, meine Vorliebe für Mäander, Umwege und Sackgassen gibt es noch immer, wie auch die neugierige Bereitschaft, mich jederzeit freiwillig in vorhersehbare Schwierigkeiten zu bringen. Aber die Zeit läuft mir davon, seit Jahren, vermutlich, weil ich ihr nachlaufe. Immerhin: So zwischendurch versuche ich immer wieder einmal nichts zu tun und viel geschehen zu lassen, zum Beispiel in meinem für unsereinen pädagogisch so überaus wertvollen Schaukelstuhl.

Gold gab ich
für Eisen

Wenn es darum geht, Leuten etwas wegzunehmen, waren und sind Demagogen aller Art erstaunlich kreativ – auch in der Kunst, ihr räuberisches Vorhaben in hehre Worte zu kleiden. Es wird ja niemandem etwas weggenommen, Gott bewahre, freiwillig wird gegeben, zum Beispiel, um dem geliebten, darbenden Vaterland zu helfen. Prinzessin Marianne von Preußen hatte erstmals die hübsche Idee, das Gold ihrer Untertanen gegen eiserne Symbole patriotischer Gesinnung zu tauschen – und sie fand eifrige Nachahmer. Für die Bereitschaft, sich von seinen Schätzen für einen höchst zweifelhaften Gegenwert zu trennen, ist natürlich schon mehr als ein vermeintlich edles Motiv vonnöten. Recht zuverlässig wirkte und wirkt sozialer Druck: Wer nicht mittut, steht als peinlicher Außenseiter da.

Als früher Meister in der Kunst berechnender Verführung ist uns ein biblischer Demagoge in Schlangengestalt vertraut. Mit sozialem Druck konnte das Reptil bei Adam und Eva noch nichts erreichen, weil die beiden mit ihrem höllischen Einflüsterer ja allein auf der Welt waren. Aber es gab dennoch ein paar gefährlich animierende Motive: intellektuellen Hochmut, nimmersatte Habgier, eitle Selbstüberschätzung und den nagenden Verdacht, dass auch das Paradies noch nicht alles gewesen sein konnte. Es gibt einfach nichts, was nicht zu *toppen* wäre, wie es in schnödem Neudeutsch heißt. Am Ende hatten die beiden verderbliches Obst vom Baum der Erkenntnis in Händen, kein Paradies mehr, dafür aber Mühsal und Unannehmlichkeiten aller Art, die Erbsünde, einen mörderischen Sohn, und dazu den Drang, ihre Blöße verschämt zu verhüllen, womöglich auch noch modisch. Herr Lagerfeld hat etwas Schlangenartiges an sich. Hat er doch – oder?

Wer sich Schätze abschwatzen lässt, sie vergeudet oder verspielt, möchte rasch wieder welche anhäufen, und es darf diesmal ruhig etwas mehr sein, weil es ja schließlich nie genug sein kann. Seit es Menschen gibt, rennen sie – nicht alle, aber immer mehr von ihnen – mit zunehmender Hast und Verbissenheit angeblichen Paradiesen hinterher. Die Ergebnisse dieser Aufholjagd sind aber insgesamt nicht sehr eindrucksvoll. Weit und breit kommt kein nur annähernd überzeugendes Elysium in Sicht, aber merkwürdig krumm gewachsene Bäume der Erkenntnis stehen allerorts am Wegesrand und in den Kronen warten listig züngelnd irgendwelche Schlangen auf Dumme (mich eingeschlossen), die fast um jeden Preis noch mehr haben wollen und schon wieder Gold für Eisen geben.

Wenn ich schon am Schreiben bin, will ich doch gleich einmal über das Schreiben schreiben. Angefangen hat es bei mir mit Feder, Tintenfass und schwarzen Fingerkuppen. Die Feder war billig, also kratzig, und hat sich dagegen gesträubt, etwas zu Papier zu bringen. Der umständlichen Handhabung des Schreibgerätes entsprach aber auch ein bedächtiger Umgang mit Gedanken, Wörtern und Sätzen. Wenige Jahre später hielt ich meine erste Füllfeder in der Hand: Jetzt ging es eleganter, flüssiger und ohne angeblich störende Pausen dahin. Das machte unbestritten Spaß, führte aber auch dazu, manches einfach nur so und ohne viel darüber nachzudenken hinzuschreiben, weil es eben leicht von der Hand ging. Ja, und dann der Kugelschreiber … billig war er, flott und zeitgeistig. Schreibfedern waren erst einmal so was von gestern. Auf diese Weise geriet der Dialog zwischen Hand und Papier leichthin zum Small Talk und das Schriftbild gab nur noch einen Teil der Handschrift wieder, reduziert auf eine schmale, für alle gleiche Rollspur. Mit der Schreibmaschine wurde schließlich aus der schreibenden Hand eine, die Tasten drückte. Aber alles lief schon wieder schneller und produktiver, auf Wunsch sogar mit mehreren Durchschlägen. Dann bekamen die Schreibmaschinen Bildschirme: Zwischen Mechanik und Papier spielten jetzt auch noch Halbleiter mit.

Die Beziehung zwischen dem Schreibenden und seinem Schriftstück war endlich zeitgemäß: aufregend neu, befreiend unverbindlich, weil jederzeit korrigierbar, und *trendy* (was immer das bedeuten mochte). Es war außerdem ohnehin nicht mehr weit zum Computer: Texte wurden nicht mehr geschrieben, sondern elektronisch verarbeitet. Also nichts wie hinein in die neue Wunderwelt. Verspielt und neugierig, wie ich war und bin, musste es immer das neueste elektronische Schreibwerkzeug sein, natürlich auch vom Design her aufregend – und so halte ich es in aller Unvernunft bis heute. Aber meuchlings hat sich eine Gegenwelt des Schreibens bei mir und in mir etabliert. Ich glaube, es war Hans Weigel, der mich darauf gebracht hat. In seinen letzten Lebensjahren hatte er mich mit unwilliger Gebärde ein wenig an sein großes Herz gedrückt. Und so stand ich eines Tages wieder einmal in seiner Tür und hatte eine Diskette mitgebracht, auf der ein Text gespeichert war, für den ich mich gerne hätte loben lassen. Aber die Schreibstube des Herrn Weigel wies keinen Schlitz für Datenträger auf. Da gab es nur eine uralte Underwood, auf die er fröhlich und unverdrossen eindrosch. Ich war als Schriftsteller auf dem neuesten Stand der Technik. Er war technisch gesehen von gestern, aber der bessere Schriftsteller, der viel bessere. Inzwischen schreibe ich manches wieder mit der Hand, der Bedächtigkeit, Sinnlichkeit, Nachdenklichkeit und des Nachdrucks wegen. Längere Texte korrigiere ich wenigstens händisch, um mir Zeit für sie zu nehmen, mir Mühe mit ihnen zu geben. Aber die auf mich spezialisierte Schlange weiß natürlich schon wieder falschen Rat: „Jetzt brauchst du aber eine besonders edle Füllfeder, mein Lieber, und wenn du die hast, wirst du ohne adelige Bleistifte nicht mehr auskommen, auch eine Sammlung historischer Schreibgeräte stünde dir und deinem Selbstverständnis gut an, du kannst gar nicht genug davon haben. So nebenbei – es versteht sich wohl von selbst – musst du endlich konzentrierter arbeiten, mehr und schneller schreiben, eiliger abliefern, damit du dir deine ehrwürdigen Denkmäler schriftstellerischer Handarbeit auch leisten kannst." *Apage Satanas!,* antworte ich bildungsbeflissen und bin dennoch schon wieder dabei, eine wertvolle Erkenntnis eilfertig gegen eine kostspielige Liebhaberei zu tauschen. Zum Teufel mit mir.

Aber bleiben wir doch bei elektronischen Verheißungen und Verirrungen. Anfang der 1990er Jahre geschah in Österreich Erstaunliches. Der in Graz entwickelte MUPID bot die Möglichkeit, über den Fernseher das BTX-Netz zu nutzen. Anders gesagt: Da gab es plötzlich prähistorisches Internet für Jäger und Sammler, sogar die Benutzung von Programmen im Netz, Steinzeit-Cloud-Computing. Ich, damals noch hemmungslos begierig nach neuen Möglichkeiten der Kommunikation und des vernetzten Interagierens, war hingerissen. E-Mail? Kein Problem. Online-Spiele? Aber ja! Recherche im Netz? Selbstverständlich. Homebanking? Na klar. Außer mir gab es noch ein paar Irre, die fasziniert in eine Zukunft stolperten, für die es noch zu früh war – manche zählen bis heute zu meinen Bekannten. Bald erwies sich der (übrigens bildhübsche) MUPID als nicht markttauglich, klobige Personal Computer verhässlichten an seiner Stelle das traute Heim, wo sie als unvernetzte Einzelgänger auf eine Zukunft warteten, die im Prinzip bereits stattgefunden hatte. Als dann das Internet rasend schnell allgegenwärtig und allwissend wurde, fing ich schon einmal damit an, mich nach kommunikativen, intellektuellen und emotionellen Schrebergärten zu sehnen. Schön, diese weit geöffneten Türen überall hin, aber es war zu viel von allem, und es wird immer mehr zu viel. Wenn dann auch noch die Propheten grenzenloser elektronischer Promiskuität diktatorische Töne anschlagen, werde ich misstrauisch und widerspenstig. „Ohne funktionierendes Netz und Internetzugang geht bald nichts mehr“, lese ich. Ah ja. Weil sich Fernseher, Kühlschrank, Zentralheizung, Staubsauger, Handy, Radio, Auto, PC und Kreditkarte nicht im gewünschten Maße austauschen können, werden sie bald einmal beleidigt aufhören zu funktionieren. Nicht zu vergessen: Ich selbst möge mich gefälligst damit abfinden, auch Teil dieses Netzwerkes zu sein, überall und jederzeit erreichbar und verfügbar, irgendwann mit einem Chip unter der Haut und einem Strichcode am Hintern. Also, ich weiß nicht recht.

Ich kann mich sehr gut an eine Zeit erinnern, als Managerkrankheit ein Statussymbol war und Stress ein Symptom beruflichen Erfolges. Ein paar Jahre später waren die gehetzten, magenkranken Fortschrittsknechte ausgebrannt und machten gelassen wirkenden Nachfolgern Platz, die zwar auch zahlreiche Aufgaben und Termine zu bewältigen hatten, diese aber mit dicken, in feines Leder gebundenen Organisationsplanern rationell und souverän verwalteten. Als sich dann herausstellte, dass solche Raster zwar gut zu eifriger Pflichterfüllung und kreativem Mittelmaß passten, nicht aber zu selbstbewusster Individualität und persönlicher Lebensqualität, waren jene erfolgreich, die nicht alles sofort und zugleich erledigten, aber das Wichtigste zum besten Zeitpunkt, gründlich und qualitätsvoll. Und dann: das Netz, der ultimative Baum der Erkenntnis, diesmal mit einer als Spinne getarnten Schlange, die

Google heißt oder so. Wenn sich erst einmal alle im Netz auf ähnliche Weise wichtig machen, ist keiner mehr wirklich von Bedeutung. Diesmal bin ich fast schon stolz auf mein energisches Innehalten. Ich habe nicht unzählige Facebook-Friends, sondern eine Handvoll guter Freundinnen und Freunde, und weil ich nicht für Jedermann und Jederfrau jederzeit und überall zu haben bin, kann ich mir Zeit nehmen für Gespräche, die Kopf und Herz erfreuen, für Briefe, ob elektronisch oder auf Papier, die Inhalte weitergeben, keine Worthülsen. Ist doch schön, Qualität nicht der Banalität zu opfern, selektiv zu leben statt beliebig. Und wie ist das mit dem sozialen Druck? Wer nicht mittut, steht alleine da? Gerade das genieße ich zuweilen sehr.

Die Vermessenheit der Zeitmessung

Subjektive Zeit ist ein Mysterium, objektive Zeit ist ein Konstrukt. Rilke fängt sein Herbstgedicht, das fatalerweise auch jene mögen, die mit Gedichten nichts anfangen können, mit den Worten an: „Herr, es ist Zeit." Er hätte auch schreiben können: „Herr, es ist 15 Uhr 43. Aber der spießig-penible Umgang mit Stunden und Minuten passt nicht in den Dialog mit höheren Mächten, ist von banaler Akkuratesse. Die Vorstellung ist geradezu erschreckend, Romeo und Julia hätten in der ersten Morgendämmerung nicht erwogen, ob Nachtigall, ob Lerche, sondern kurze, kühle Blicke auf Digitalanzeigen geworfen.

Auf einem Papyrus aus dem Jahre 2500, vor Christus, wie sich denken lässt, steht ein Satz von edler Zärtlichkeit und sanfter Präzision: Wenn dein Schatten sechzehn Fuß misst, Berenike, erwartet Amasis dich am Olivenhain. Berenike durfte schattenwerfend auf das Schönste hoffen, uns schüttelt digitaler Frust. Der Weg dorthin ist mit Uhren gepflastert. Mit einfachen Sonnenuhren fing es an. Stonehenge ist (unter anderem) eine Uhr, es gab Wasseruhren für das Messen nächtlicher Stunden, Sanduhren, Öl und Kerzenwachs verbrannten im Dienste der Zeitmessung. Besonders gut gefällt mir die chinesische Räucheruhr: In miteinander verbundenen Behältern befanden sich verschieden duftende Essenzen, die – eine nach der anderen – verglühten. Wer die Düfte und ihre Reihenfolge kannte, wusste damit auch, welche Stunde ihm da so fein und würzig in die Nase stieg. Doch schon im 14. Jahrhundert wurden die Zeitmesser zu Maschinen. Mönche sahen das gerne, denn zuvor hatte einer der ihren die ganze Nacht über die Pflicht, das Stundenglas regelmäßig umzudrehen, damit nur ja keiner das Morgengebet versäumte. Bald setzte das Räderwerk auch Glocken in Bewegung und so wusste endlich auch das schlichte Volk außerhalb der Klostermauern, welche Stunde ihm gerade schlug. Die Uhren hatten damit begonnen, die Zeit aller im Sinne der Mächtigen aufzuteilen und in ihr Regelwerk zu fügen. Vom Klang der Glocken bis zum Diktat der Stechuhr und bis zur aufdringlich mahnenden Omnipräsenz der seelenlos exakten Uhrzeit ist es nur ein paar Gedankensprünge weit. Unser gemeinsames Leben und Arbeiten wird immer komplizierter, geduldete Toleranzen in koordinierten Abläufen werden immer kleiner, der Rhythmus wird hektischer. Mein Lieblingszitat zu diesem Thema stammt von Jean Paul: „Alle Uhren gehen sehr." Als er diesen prächtigen Gedanken niederschrieb, tickten die Uhren wenigstens noch und hatten ein Räderwerk. Mit den ersten Quarzuhren war diese zwar insistierend exakte,

doch auch ehrwürdige Technik der Zeitmessung plötzlich überholt und nutzlos. Einige Jahre musste man auch wirklich um die Zukunft mechanischer Uhren ernsthaft besorgt sein: Nach dem anspruchsvollen Unterfangen, den Fluss der Zeit in bewegte Mechanik umzudeuten, war die exakte Zeitmessung zur billigen Selbstverständlichkeit geworden. Technik funktioniert seitdem, statt sich zu ereignen und der ehemalige *Homo sapiens* vergisst in seiner kindlichen Begeisterung für erreichte und erreichbare Ziele die peinliche Tatsache, dass er den Weg dorthin nicht mehr begreift (und das gilt nicht nur für Uhren). Erstaunlicherweise wuchs aber schon bald die Zahl jener, die zwar einsahen, dass naturnahe Unschuld im Umgang mit der Zeit nicht rekonstruierbar ist, die aber dennoch wieder Freude an mechanischen Uhren hatten. Diese Zeitmesser erlaubten es nämlich, im Spiel der Kräfte und der Bewegungen, der Abläufe und der Funktionen mitzuspielen. Elektronik ist Alltag. Das Räderwerk gönnt man sich. Die verständige Lust an der Kompliziertheit ist in einer von überforderten Zauberlehrlingen bewohnten Welt schlichtweg unverzichtbar.
Lüste sind verführerisch, Verführungen erliege ich gerne, und wenn dann noch geckenhaft sich brüstende Habgier dazu kommt, na ja … irgendwann sah ich mich ernsthaft vom Gedanken bedroht, eines

Tages Haus und Hof zu verkaufen, weil ich zum Beispiel den Lange-Datografen einfach haben muss: exakt springender Minutenzähler, Flyback-Mechanik, mit Kolonnenradschaltung, 18.000 Halbschwingungen und Großdatum. Oder die „Master Ultra Thin“ von Jaeger-LeCoultre oder die „Sonnerie en passant“ von Ulysse Nardin, oder … nichts da! Der eitle Erwerb von Prestigeobjekten schädigt den Charakter, verhärtet das Herz und endet im Schuldturm. Wenn schon mechanische Zeitmesser, dann solche, die zu meinem verschrobenen Gemüt passten. Armbanduhren waren mir wegen ihrer eilfertigen und aufdringlichen Präsenz am Handgelenk schon immer suspekt gewesen. Ich fing also folgerichtig damit an, Taschenuhren um mich zu scharen. Keine teuren Stücke, eher absonderliche. Manche funktionieren überhaupt nicht, andere geben mir unbestimmte Hinweise auf Tag und Nacht, Morgen, Mittag und Abend, und es gibt solche, die dermaßen aufsässig ticken, dass sie mich am Flughafen nicht erst einmal vor der Sicherheitskontrolle bewahrt haben, weil ich als wandelnde Zeitbombe schon vorher aus dem Verkehr gezogen wurde. Taschenuhren zeigen mir nur die Zeit, wenn ich nach ihr frage – oder sie verweigern jegliche Auskunft, auch das soll mir recht sein. Außerdem halte ich meine Art der Zeitmessung in meiner Hand, im konkreten wie auch im übertragenen Sinn. Vermutlich hat es mit dieser beruhigenden Gewissheit zu tun, dass meine Uhren immer größer und gewichtiger werden. Freunde wollen in letzter Zeit eine merklich vornüber gebeugte Körperhaltung an mir bemerkt haben. Ja, und dann habe ich errötend einen eher sinnlosen Evolutionssprung zu vermerken. Im Vorzimmer tickt und tackt gebieterisch und geruhsam eine überlebensgroße Standuhr aus dem Dorotheum: namenlos, Ziffernblatt knapp am Kitsch, aber sie geht einigermaßen präzise mit der Zeit, ihr Westminsterschlag scheucht die Holzwürmer aus den Möbeln und hält bissige Hunde fern. Wird nun endlich Ruhe einkehren in mein rastlos tickendes Gemüt? Vor ein paar Tagen habe ich mich im Wiener Uhrenmuseum wiedergefunden. Auch ohne Uhren ist es ein Haus nach meinem Geschmack, schon der verblichenen Mieter wegen: Karl Joseph Dier, Kammertrabant, Mathias Neumair, kaiserlicher Hofbuchraitrat, Josef Ignaz von Wolfscron, Königlich geheimer Kabinettsekretär, und Leopold Dimer, königlicher Kammerdiener. Aber natürlich war ich wegen der Uhren da. Nein, nicht um den berühmten Winzling von einem Zappler zu bestaunen, der samt seinen zwei Pendeln unter einem Fingerhut Platz hätte, sondern in stummer Zwiesprache mit der alten Turmuhr von St. Stephan. Turmuhr! Wer hat schon so etwas zuhause?

Das Uhrwerk eine wuchtige Weltmaschine, mit Zeigern als Zeitzeugen, die endlich ihren Namen verdienen. Als dann die Auswirkungen des gigantomanisch bedingten Adrenalinausstoßes allmählich verebbten, legte ich mich zuhause auf die Freud'sche Couch, nahm am Kopfende Platz und sprach mit therapeutisch wirksamer Stimme: „Es soll also eine Turmuhr werden. Gut, dagegen ist nichts zu sagen und ein passender Turm wird sich schon auch noch finden lassen. Doch was folgt dann?“ In den Tiefen meiner unbewusst lauernden Obsessionen wühlend, fand ich nur eine plausible Antwort: keine Uhr, besser gesagt, eine unendlich große. Ich werde den Kopf hochmütig zum Firmament heben und Sonne und Sterne nach der Zeit befragen.
Das kann ich natürlich meinen vielen Taschenuhren nicht antun. Außerdem gefällt es mir, darüber nachzudenken, wie wir miteinander allmählich noch älter und noch schäbiger werden, mit langsam schwindender Federkraft und nur noch matt schwingender Unruh. Eine wohlmeinende Freundin hat mich jüngst mit einem Zitat in diesem Sinne beschenkt, es stammt aus William Shakespeares *Falstaff*: „Euer Gnaden sind zwar noch nicht ganz über die Jugend hinweg, aber Sie haben doch schon einen kleinen Beigeschmack vom Alter, eine Würzung vom Salze der Zeit.“

Annähernd distanziert

Zwischen einem sehr prominenten und, so sagt man, überaus mächtigen Österreicher und mir waltet so etwas wie unverbindliche Verbundenheit. Dieses leichte Gespinst gegenseitiger Wertschätzung verdichtet sich manchmal zu konspirativen Treffen meist kulinarischer Natur. Als es vor einigen Jahren wieder einmal geschehen sollte, waren allerdings die Umstände denkbar widrig. Meinem Romanhelden Daniel Käfer ging es damals gar nicht gut, mir ging es nicht viel besser: Ich war stocknüchtern, aber schwer betrunken, und in meiner wohlig warmen Wohnung dem Erfrierungstod nahe, leichthin getragen vom Gefühl wunschloser Erlösung. Die Erklärung ist denkbar einfach: Bei der Arbeit an einem Roman wird die Welt, die ich beschreibe, werden vor allem aber ihre Menschen für mich lebendige Wirklichkeit, viel wichtiger als alles andere ringsum. Geht es dabei auch noch um bedrohliche Grenzerfahrungen, bin ich auf hauchdünnem Eis unterwegs: Das macht Angst und fasziniert. Der Alltag hat nichts mehr zu sagen, es sei denn, er macht sich laut und insistierend bemerkbar: Das Telefon ist eine Erfindung des Teufels und eben dieser hat eine Sekretärin zur Tochter, die sich sanft nach meiner Befindlichkeit erkundigt, um mir dann mitzuteilen, dass ihr Chef schon eine gute halbe Stunde auf mich warte. Au, verdammt. Als ich endlich eintraf, wüst frisiert und seltsam gekleidet, schaute er mir freundlich entgegen, wollte meine Ausflüchte nicht hören und bedankte sich für die schöne Zeit des Innehaltens, die ihm durch mich ganz unverhofft beschert worden war.

Daniel Käfer ist dann doch nicht erfroren, aber der monströse Kater, den er und ich erleiden mussten, war auch nicht ohne – und, was mich betraf, eine Gemeinheit. Ich hatte ja nur im Geiste getrunken, wenn auch sehr viel, und mein anschließendes Siechtum war zwar virtuell, aber von ungeminderter Härte. Dieses Pendlerleben zwischen der gegebenen und einer gedachten Welt ist anstrengend, aber notwendig, weil es ja hier wie dort um Aufrichtigkeit und Intensität geht. Ich bin auch sicher, dass es noch aufregender wäre, die Grenzen zu verwischen oder zu vergessen. Die Versuche und die Versuchung, das Eigene über sich hinauswachsen zu lassen und das Fremde in sich hinein, ohne Einschränkung und Kontrolle, sind gefährlich attraktiv. Das bedeutet nicht zuletzt, dass alle, die kreativ arbeiten, auch suchtgefährdet sind. Ich war da immer recht vorsichtig, weil ich meine, dass die eigenen Kräfte auch ohne Hilfsmittel ausreichen sollten – einmal abgesehen von Unmengen schwarzen Kaffees und von selbst auferlegtem Termindruck. Natürlich kann's – am Beispiel einer gesellschaftlich anerkannten Droge – mit Wein leichter gehen, lockerer, inspirierter. Doch bald einmal geht's nur noch mit Wein, dann auch mit Wein nicht mehr. Die wenigen schreibenden Säufer, die auch noch am Ende ihrer Tage Verstand, Kraft und Fantasie hatten, beweisen als Ausnahmen die Regel. In meinen Büchern wird nicht wenig getrunken, meist mit Behagen und Genuss. Oft wird mir dann erzählt, dass sich im Kopf des Lesers, der Leserin, ein Bild des Autors formt, wie er, das Glas im roten Abendlichte zum Munde führend, ihm freundlich zufliegende Gedanken in wohl gerundete Worte fließen lässt. Nichts da. Viele besonders beschauliche Passagen sind nach ein paar Stunden unruhigem Halbschlaf im schütteren Licht des Morgengrauens entstanden: der äußere Mensch ein Wrack, der innere Mensch in einer anderen Welt.

Der Umstand, dass einander Schreiben und Trinken für mich ausschließen, ändert nichts an meiner herzlichen Hinwendung zu diesen beiden Lastern. Aber weil mir beide wichtig und erfreulich sind, bedenke ich sie mit Respekt und ungeteilter Aufmerksamkeit. Mit dem Schreiben habe ich bekanntermaßen früher angefangen. Mein Weg zum Wein war ziemlich weit und ich werde wohl auch nie wirklich

am Ziel ankommen. Allerdings hatte ich schon als Kind im Ausseerland, weit weg von Weinstock und Traube, die ehrende Pflicht, am Donnerstag „Schachspielerwein“ einzukaufen, mit dem dann mein Vater seine angestrengt stirnrunzelnden Mitspieler traktierte. Dieser Wein war sehr billig, sehr sauer und ein Garant dafür, dass die Gäste nicht ungebührlich lange blieben. Als ich dann Jahre später von Wien aus ins Weinviertel geraten bin – ich erzähle noch davon –, war ich unvermutet von Weinbauern umgeben, von ihren Weingärten, Presshäusern und Kellern. Nach und nach habe ich es ein wenig gelernt mit dem Wein und seinem Werden zu leben: die Trauben, der süße Saft, der gärende Most, der allmählich reifende, sich klärende Wein … Eine Sorte ist mir dabei besonders lieb und vertraut geworden, der Grüne Veltliner, und ihm muss ich hier ein Loblied singen:
Oh, ihr seid mir geachtet, ihr Weißweine der Welt, ihr noblen, ihr exzentrischen, ihr eleganten, ihr betörend schmeichelnden, ihr aufregend hintergründigen, ihr unwiderstehlich schlichten, ihr reizvoll rätselhaften.
Doch wohin die Reise auch geht im Reich der Sinne, wie groß auch die Lust sein mag und wie tief die Befriedigung, es bleibt Sehnsucht übrig, oder sagen wir Heimweh. Heimweh nach dem Grünen Veltliner

und nach dem Weinviertel. Natürlich gibt es ihn auch anderswo. Doch hier ist er sich selbst am nächsten. Das liegt am Löss, das liegt am Klima, doch da ist mehr dahinter. Wein und Landschaft haben ganz gewiss miteinander zu tun: die weichen Konturen des Hügellandes, leichthin ineinander verwoben, viel Himmel darüber, das Spiel von Licht und Farben. Der Veltliner hierzulande intoniert demnach auf Zunge und Gaumen eine verführerisch schlichte Melodie, Kirtagsmusik, Ouvertüre für Heimlichkeiten hinterm Busch oder herzhafte Raufereien. Wer sich in dieser Melodie wieder findet, sich verfängt und verliert, wird das Degustieren bald einmal bleiben lassen und anständig trinken. Dieser Wein bleibt seinem Wesen treu und überrascht doch immer wieder, einmal verführt er als unwiderstehlicher Hallodri, dann wieder als Wein von Welt. Andere Weine erzählen vom Sündenfall, der Veltliner ist einer. Er lässt in den Gläsern sanfte Sonnen leuchten und ein vergnügtes Fegefeuer. Schluck für Schluck und Glas für Glas malt er die Farben des Weinviertels in die Dunkelheit der Keller, lässt die Stille klingen und gibt dem Leichtsinn Gewicht.

So viel Zuneigung müsse aber doch geradewegs in den Suff führen, spüre ich Sie, liebe Leserin, geschätzter Leser, besorgt mitfühlend denken. Ganz im Gegenteil. Viel zu selten komme ich dazu, Kopf, Nase, Zunge, Gaumen und Gemüt diesem Wein zu widmen, mit unfrommer Andacht und genießerischer Zeitverschwendung. Er ist mir einfach zu schade dazu, ihn nur so zu trinken, nebenher oder zwischendurch. Es fehlt auch oft die rechte Gesellschaft. Unter jenen, die um der Wirkung willen trinken, habe ich mich noch nie wohl gefühlt und im Kreise selbst ernannter oder auch wirklich profunder Kenner mit ihrem önologischen Herrschaftswissen falle ich nur durch peinlich banale Bemerkungen auf. Noch übler ergeht es mir unter den Adepten und Adeptinnen irgendwelcher Weinpäpste, die gläubig und zahlungswillig deren geheime Offenbarungen oder offenbaren Geheimnisse verkosten. Die neue, ach so schöne Welt der Weine hat viel zu viele Etiketten und nur zu oft zweifelhafte Inhalte. Aber immerhin hat man, hat frau was im Mund und darf damit leises oder lautes Unbehagen gleich mit hinunterschlucken. Das schale Gefühl am Morgen danach ist ja auch von anderen fragwürdigen Vergnügungen vertraut.

Damit komme ich ohne Umschweife zu einer weiteren Art oraler Befriedigung, sublimiertem Kannibalismus sozusagen, dem Kuss. Wenn Menschen einander näherkommen, tun sie das nicht nur gedanklich und in Worten, es geschieht – welch Erkenntnis – auch körperlich. Unsere umständliche, gnadenlos genaue deutsche Sprache hält für diesbezügliche Kontakte an sich einen ganzen Katalog an Begriffen bereit, sorgsam abgestuft nach Gefühlstiefe, Symbolik und Intensität. Neuerdings kommt der zeitgemäße Körperkontakt hingen mit dem Sammelbegriff „Berührung" aus, vielleicht auch noch gepaart mit „Umarmung", so nebenbei mit vulgärer Direktheit, garniert mit ein paar schnuckeligen Modewörtern und zotig-witzigen Umschreibungen. Ist es nicht wahnsinnig zeitgeistig, wenn das trendige Wangenbussi geradewegs ins Bett führen kann, ans kalte Buffet, an die Bar, zum nächsten Small Talk oder nirgendwohin? Lange Zeit mussten wir ja zuschauen, wie es ein paar elitären Gruppen, Aristos, Promis oder Ostblockpolitikern vorbehalten war, einander ohne Ansehen der Person abzuküssen. Inzwischen ist der Bussikonsum jedermann zugänglich, der nur so halbwegs dazugehört. Natürlich wird man es tunlichst vermeiden, den Steuerprüfer, den Papst, einen Asylanten oder die Putzfrau wangenküssend zu begrüßen, das würde sie ja doch nur verstören. Aber am Rest der Menschheit führt kein Bussi vorbei. So einfach ist das also heutzutage. Doch wie hat man sich durch Jahrtausende abgemüht mit der Küsserei, auch mit der, die außerhalb einer Liebesbeziehung geschah.

Vielleicht waren unsere Altvorderen mit den fliehenden Stirnen noch nicht ganz so ambitioniert, als sie einander die Gesichter ableckten, um ihren Salzbedarf zu stillen, aber bald brachten kreatürliche Zuwendung und kultische Symbolik die possierlichsten Spielarten ins Kussgeschehen. Gallier küssten die Zehen ihrer Druiden, Caligula bot seinen verstörten Römern das zum Kuss entblößte Knie und die Kunst der Verabreichung eines Judaskusses scheint bis heute auch in höchsten kirchlichen Kreisen nicht gänzlich vergessen zu sein. Im Mittelalter gehörte ein bärtiger Wangenkuss zur Zeremonie des Ritterschlages, der Lehensherr küsste seinen künftigen Vasallen gar auf die Lippen, und wo die edlen Ritter des Templerordens ihre zeremoniellen Küsse überall platzierten, soll erst gar nicht näher erörtert werden. Die beginnende Neuzeit brachte die Küsserei erst so richtig unters Volk und machte sie beinah zur Pflicht. Dann gab sich die Gesellschaft wieder einmal tugendhaft und intellektuell, bis die Revolution dreinfuhr und die Freidenker nicht daran dachten, ausschließlich zu denken. Nachdem sich die Revolution an ihren Kindern gütlich getan hatte, wie's im Buche steht, gaben sich die Bürger satt und manierlich und aus der allzu öffentlichen Küsserei wurde eine wohlbehütete Familienangelegenheit – mit sündhaften Ausnahmen, die aber umso mehr

Vergnügen bereiteten. Dann zerfetzte der Krieg die alten Strukturen, die Monarchen dankten ab, die Industrie bestieg den Thron und die Gesellschaft blickte freudig erregt in eine Zukunft, in der alles machbar zu sein hatte und in der nur noch Veränderung beständig war. Heutzutage schreiten wir nicht mehr ganz so frei und gläubig in die neuen Zeiten, und weil uns das Prinzip unseres Daseins ziemlich verdächtig geworden ist, halten wir uns ans Detail. Es beunruhigt zunehmend, in die Tiefe zu gehen, also bleiben wir an der Oberfläche, und weil ohnedies keiner weiß oder wissen will, womit oder mit wem man sich ernsthaft einlassen sollte, treiben wir es mit allem und allen, aber nur ein wenig. Das Symbol: Bussi. Das macht zwar manchmal irgendwie Spaß, aber dass diese Art der Allerweltsküsserei auch nur andeutungsweise befriedigen könnte, glauben nicht einmal ihre eifrigsten Anhänger. Schon Seigneur de Montaigne, nobler Urvater der Essayisten, merkte angesichts einer Inflation beiläufiger Küsse an: „Je teurer das Fleisch, desto besser schmeckt es. Je wohlfeiler also der Kuss wird, umso mehr geht ihm von seiner ursprünglichen Macht verloren …“ Andererseits: Nachdem Macht unter halbwegs anständigen Menschen ja auch Verantwortung bedeutet, bringt Machtverlust Erleichterung – und leicht und luftig soll es ja auch sein, geradezu flockig, unser locker konsumiertes Leben. Cheers, Prösterchen, Bussi und Tschüss. Oder etwa doch nicht?

Der Boom nervt

Vor ein paar Jahren hat es angefangen zu boomen, es höret nimmer auf und es wird immer ärger. Die Wiener Galerieszene boomt, der Salon neu boomt, Ziegen boomen, Castingshows boomen, Highlights boomen, Geländewagen boomen, Netzstrumpfhosen boomen, Zahnspangen boomen, die Intimrasur boomt, Bio boomt, das Schlepperunwesen boomt, Wallfahrten boomen, Kirchenaustritte boomen, Zentralanatolien boomt, die Krise boomt, einen Boom habe ich in den Startlöchern ertappt, und das Ö1-Mittagsjournal ließ neulich sogar den Boom boomen. Natürlich hat es zu allen Zeiten Sprachmoden, Manierismen und Wort-Importe (wie auch Exporte) gegeben. Ein eigenes Kapitel ist in diesem Rahmen die Kinder- und Jugendsprache, die mir zuweilen durchaus gefällt, weil sie mit dem verbalen Material recht kreativ, respektlos und pointiert umgeht. So verriet ein etwa zehnjähriges Mädchen seiner Freundin in der Straßenbahn mit dem Blick eines sterbenden Rehs, der Vater nerve ur, fügte aber blitzenden Auges hinzu, dass die Mutter sauhübsch sei. Schon eher kränkt mich Sprachverarmung. Erwachsene, die es allerorten und bei jeder Gelegenheit boomen lassen, sind nur zu faul, darüber nachzudenken, was genau sie eigentlich sagen wollen. Aber solche

Wörter sind unheimlich bequem. Sie haben den Zuschnitt schlabbriger Jogging-Anzüge, in die so ziemlich alles hineinpasst und die gerade deswegen überall unpassend sind. Jenen, die formlos und schlampig durch die Zeilen gammeln, ist es egal. Ihr Wortschatz schrumpft aufs Minimum und das macht alles leichter. Schließlich werden die Welt und die Gesellschaft herrlich überschaubar, wenn man sie nur noch zwei Teilen zuzuordnen braucht: einem, der cool ist, und einem, der nervt, wobei alles auch noch boomt oder eben nicht. Und es nervt vieles, nämlich alles, was früher einmal ärgerte, kränkte, störte, belästigte, unangenehm war, belastend, beunruhigend, beleidigend, was auch immer. Als noch praktischer erweist sich das Schlabberwort Menschen gegenüber. Nicht länger ist es notwendig, ihnen mitzuteilen, dass sie langweilen, kränken, umständlich sind, zu viel reden oder zu lange schweigen, sich wiederholen, Unsinn reden, nicht gut riechen oder stören: Das jeden tieferen Gedankens unwerte Gegenüber nervt. Einen besonders flachen Höhepunkt angewandten Wortdodeltums lieferte in diesem Zusammenhang die Antwort eines Straftäters auf die Frage, warum er denn seine Tante erschlagen habe: Sie nervte.

Zur rapid schwindenden Bereitschaft einander etwas zu sagen, wenn man miteinander redet, oder eben nebeneinander her, gehört übrigens auch das inflationär verteilte Du-Wort. Wer wird sich schon auf den langen und komplizierten Weg zur nunmehr auch verbalen Nähe begeben, sich mühsam an Höflichkeitsregeln erinnern, in Taktgefühl und Sensibilität investieren und das Gefühl für den richtigen Augenblick erlernen, wenn es doch viel einfacher ist, mit allen per Du zu sein, die man länger als drei Minuten kennt? Vertrautheit durch Vertraulichkeit zu ersetzen, erleichtert den Wortwechsel, bindet die Gesprächspartner in die Gesellschaft jener ein, die leichthin miteinander können und wenig von Umwegen zueinander halten, weil sie viel zu sehr mit sich selbst beschäftigt sind, um für das Gegenüber mehr als flüchtige Zuwendung erübrigen zu können. Das schnell verteilte und ebenso hurtig angenommene Du-Wort schafft eine neue, universell anwendbare Spielart der Nähe, eine pflegeleichte, die gut aussieht und wenig kostet. Es entsteht aber auch eine neue Art von Distanz: Weil die Worte nicht mehr lange auf einander zugehen, sondern einfach beisammen sind, findet keines wirklich zum anderen, berühren einander nur noch ihre Laute, nicht mehr die Inhalte. Die wachsende Lobby der Du-Sager ist völlig offen: Jeder hat Zutritt, weil das ohnehin kaum von Bedeutung ist, und wer eigentlich nicht mit jedem gleich per Du sein möch-

te, wird keineswegs ausgegrenzt. Sein Schicksal als Außenseiter besiegelt er mit seinen prähistorischen Umgangsformen höchstpersönlich.
Ach ja, und neuerdings macht Sinn, was vorher mehr oder weniger Sinn hatte, sinnvoll oder sinnlos war. Ein Germanist hat mir erklärt, das sei sprachlich schon irgendwie möglich. Aber „machen" heißt doch „herstellen, verursachen, ausführen". Also zeugt irgendein „es" Sinn, so wie man umgangssprachlich ein Kind „macht". Seltsam. Vielleicht stört mich aber auch nur als Österreicher die deutsche Vorliebe fürs tüchtige Machen: mach mal, mach schon, draufmachen, anmachen, totmachen. Ja, ich weiß schon, „it makes sense" war im Englischen immer schon korrekt. Aber das ist es ja: In dieser Sprache haben lässige Unverbindlichkeit und Unschärfe Tradition. Unsere Sprache ist präzise, vielschichtig und behutsam, vorausgesetzt, ihr Wortschatz ist noch nicht ganz beim Teufel und in einem Fernsehvorabendserieneintopf zu Brei zerkocht. Mit der Sprachvermanschung geht übrigens auch eine fröhliche Unbekümmertheit in der Satzbildung einher. Ein paar Wochen lang habe ich besonders hübsche Beispiele feinsinniger Formulierungen in den Medien notiert. Kostprobe gefällig? Die Wintersonnwendfeier in Puch ist ein Highlight des Advents. *(Hollabrunner Nachrichten)* Sogar den Hollabrunner

Friedhof hat er auf Vordermann gebracht. *(Ebenda)* Der Kampf ums Licht der Glühbirne ist zum Aussterben verurteilt. *(Oberösterreichische Nachrichten)* Hinter mir haben 45 Hütten ihre Zelte aufgeschlagen.*(ORF Wien heute)* Andere pflegen ihren Kunstschnee, in Rinn rückt man ihm zu Leibe, weil die Golf-Fans schon in den Startlöchern sitzen.*(Kurier)* Das neue Marktgelände in Urfahr schlägt Wellen. *(Oberösterreichische Nachrichten)* Reden statt einfach zur Faust zu greifen. *(Unser Niederösterreich)* Das Catering kann vor Ort zubereitet werden. *(ORF Wien heute)* Dieser Kaltstart gruselte. *(Salzkammergut Rundschau)*

Es geht mir hier nicht um den billigen Spaß an Stilblüten. Es geht um schlampige Lieblosigkeit dem geschriebenen Wort gegenüber – und zwar von Leuten, zu deren Beruf es gehört, verantwortungsvoll und sorgfältig damit umzugehen. Gedankenlosigkeit und Gleichgültigkeit tun eben weh, auch wenn die Ergebnisse dann und wann zur Heiterkeit anregen. Vielleicht wäre es ja doch angebracht und wünschenswert, den pandemisch sich ausbreitenden, immer noch dünneren Sprachdurchfall mit therapeutisch wirksamen Nachdenkpausen zu behandeln. Diese üble Seuche ist nämlich gefährlich ansteckend. Um mich davor zu schützen, halte ich hiermit hastig inne und beende sinnend und wortkarg dieses Kapitel.

Das Auge des Orkans

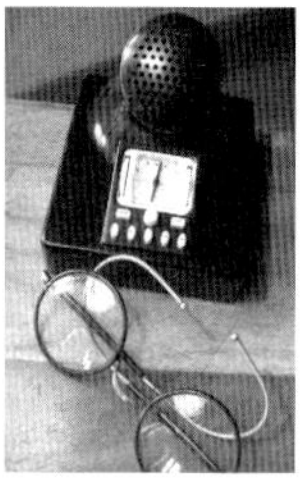

Der eine Teil der Menschheit hat damit zu tun, satt zu werden und am Leben zu bleiben, der andere Teil neigt zur Dickleibigkeit und zur Langeweile, ist also rastlos bestrebt, sich davon abzulenken. Damit die Sache etwas spannender wird, bekommt die Überdrussgesellschaft modische Etiketten. Eines davon haftet besonders gut und darauf steht „Konsum". Richtig von gestern wird die Konsumgesellschaft nie sein, schon einmal deshalb, weil sie so viel mit unkomplizierter Befriedigung und so wenig mit komplizierter Moral zu tun hat. Auch die Leistungsgesellschaft, wieder einmal aktuell in Zeiten wie diesen, ist letztlich dazu da, lustvollen Konsum weiterhin zu gewährleisten, und wer meint, eine Kommunikationsgesellschaft mit ihrer digitalisierten Schwester, der Informationsgesellschaft, könne die Entwicklung der Menschheit vom Bauch auf den Kopf überleiten, verwechselt Datenschutt mit Wissen und kindische Neugier mit faustischer Begierde. Ganz gleich, worum es geht, wir wollen es haben, es sei denn, es tut wirklich weh, verpflichtet oder zwingt zum Nachdenken. Das schließt im Extremfall weder den Konsum von Suchtgift noch den von Reality-TV aus: Sich umzubringen, indem man Körper und Geist freudig delirierend von seiner ohnedies viel zu irdischen Existenz abhebt, ist im Augenblick des Konsums eine lustvolle Erfahrung, und der nüchterne Schrecken zwischendurch lässt sich mit vermehrtem Konsum bekämpfen. Menschen, zerstückelt, entwürdigt, entseelt, haben auf dem Bildschirm nur zweidimensionale Wirkung: Die Tragödie überwindet die kleine Distanz zum wohlig geschockten Zuschauer nicht. Mit dem Gedanken, dass es ganz schön schrecklich sei, was so alles passiert auf der Welt, schreitet der TV-Konsument entspannt zum Abendessen. Es ändert auch nichts an der Banalität des Konsums, dass neben Sachgütern aller Art neuerdings immer mehr Bilder, Wörter und Zahlen konsumiert werden. Das betreffende Angebot ist überwältigend groß und von einer Vielfalt, die einem die Mühe erspart, zu differenzieren, zu hinterfragen, einzuordnen, zu gewichten und zu urteilen. Das Angebot ist auf Knopfdruck verfügbar und recht preisgünstig: Warum also nicht alles nehmen, was man zu fassen bekommt?

Dass diese Raffgier in Verarmung mündet, kümmert nur wenige.

Die wirtschaftswunderliche Konsumgesellschaft der 1960er Jahre war bei all ihrer bedenkenlosen Sehnsucht nach einer schönen, neuen und pflegeleichten Welt glaubwürdiger. Es gab einfach, wie schon gesagt, viel Aufholbedarf nach der grauen, hungrigen

Zeit. Dem entsprach damals auch die Welt der Medien. Wir alle wollten hören und sehen, wie gut es uns endlich ging und um wie viel besser es uns demnächst gehen werde. Die Zukunft verhieß ein wahres Paradies auf Erden, die Vergangenheit wurde vorerst beiseite geschoben (es sei denn, sie war weit weg, alt und ehrwürdig), und die österreichische Identität, mit der man nun einmal leben musste, wurde frohlockend, pathetisch und mit einer gehörigen Portion Kitsch zelebriert. Der Aufbruch zu glänzend neuen Ufern durfte zwar freudig geschehen, wollte aber auch ernst genommen werden. Fernsehen und Radio vermittelten also feierlich und steif Kultur und Bildung sowie sorgsam proporzgerecht sortierte Politik. Als ich kurz vor der Rundfunkreform als freier Mitarbeiter zum Radio kam, schien es verpönt zu sein, zumindest aber nicht Stil des Hauses, Unterhaltung zu bieten, die ohne tieferen Sinn und höhere Bedeutung auskam. Na gut, Eva Maria Kaisers rauchzarte Stimme brachte fast so etwas wie Erotik in eine Sendung, die den kühnen Titel *Gut aufgelegt* trug, und in *Hallo Teenager* wurden zwischen Erwachsenen Fragen diskutiert, die für Jugendliche schon lange keine mehr waren. Spätnachts träumte Connie Tex Hat von der Prärie und das war's auch schon. Schwarzer Blues? Weißer Jazz? Rockmusik? Popszene? Amerika? England?

Nie gehört. Vorerst band Väterchen Radio indigniert die Krawatte noch etwas enger und duckte sich ängstlich vor der neuen Konkurrenz des Fernsehens. Dann aber, 1964, unterschrieben gezählte 832.353 Österreicher das erste Volksbegehren in der Republik Österreich – und es betraf den ORF. Damit hatten Radio und Fernsehen alten Zuschnitts ein Ablaufdatum verpasst bekommen. Am 1. Jänner 1967 trat das neue Rundfunkgesetz in Kraft, am 9. März wurde Gerd Bacher Generalintendant und er gab unter anderem einer Handvoll Radioleuten den Auftrag, Ö3 zu entwickeln. Von Beginn an existierten recht verschiedene Ansätze: Jene, die im nunmehr durch Sperrholzplatten abgeteilten Dachboden des Wiener Funkhauses sozusagen in Batteriehaltung fruchtbar zu sein hatten, bastelten an einer gut geschmierten Unterhaltungsmaschine. In einer Holzbaracke auf dem Parkplatz gegenüber ging hingegen die Jugendredaktion ans Werk – und für sie war Ö3 ein junger Kultursender. Als dritte Kraft etablierte sich damals merkwürdigerweise der Kirchenfunk. Sendungen wie die *Gospelmatinee* waren musikalisch durchaus zeitgemäß und *Musik ohne Visum* präsentierte Popmusik aus den Ostblockländern – ein spannendes und politisch aktuelles Unterfangen. Ob es aber auch wirklich klug war, Karel Gott in den Westen zu locken? Aber lassen wir das. Wie auch immer: Der erste Oktober 1967 war der erste Sendetag von Ö3. Von einem Tag auf den anderen war alles anders, verstand sich das Radio als akustischer Ausdruck einer überaus spannenden, konfliktreichen und bewegten Zeit. Für so manche Erwachsene war es eine Zeit zum Fürchten: Hippies, Gammler, Bluejeans für alle, Coca-Cola und die Pille, Go-go-Girls in den Diskotheken, Söhne und Töchter aus gutem Hause in Kommunen, Miniröcke, Maxiröcke. Und dann ernannte auch noch das renommierte Nachrichtenmagazin *Time* die Generation unter 25 zur „Persönlichkeit des Jahres". Schon gab es mit Monterey in Kalifornien das erste große Popspektakel, bei dem sich über 50.000 unfrisierte Gestalten zusammenballten und sittlich keineswegs einwandfreien Gruppen wie „The Mamas & The Papas" zuhörten. Die eigentlichen Mütter und Väter blieben verstört in einer noch halbwegs heilen Unterhaltungswelt zurück: Doris Day, mit ihren 43 Jahren immer noch wie eine frische Portion Vanilleeis, Vico Torriani, Roy Black und vielleicht – obwohl bloßfüßig – Sandie Shaw. Immerhin präsentierte sich Sophia Loren sogar in einer braven Familienillustrierten in einem „körpernahen" Kleid – später durfte es dann auch schon einmal „hauteng" sein. Das bisschen Harmlosigkeit war eben bitter nötig, angesichts einer aus den Fugen geratenen Welt: 50 Jahre

Oktoberrevolution in Russland und noch immer keine Freiheit, 400 Millionen Mao-Bibeln in 26 Sprachen, ein Grazer Brachialautor namens Wolfgang Bauer, ein unheiliger Otto Mühl, ein befremdlicher Hermann Nitsch. Außerdem stand 1968 vor der Tür und spätestens dann war ja der Teufel erst so richtig los. Im Programm Ö3 hatten sich bald zwei Schwerpunkte gebildet: der *Ö3-Wecker* als Prototyp aller künftigen locker moderierten und eingängig programmierten Unterhaltungsformate und die *Musicbox:* unbestrittene Kompetenz in Sachen Avantgarde und Geschichte der Popkultur, aus der bald einmal eine Industrie werden sollte. Die *Musicbox* war aber auch ein Forum für so ziemlich alle, die damals unangepasst und aufmüpfig ihre ersten literarischen Schritte taten: Elfriede Jelinek, Ernst Jandl, Andreas Okopenko, Werner Kofler und viele mehr. Auch andere Künstler waren in der *Musicbox* willkommen: die Maler Zeppl-Sperl und Ludwig Attersee zum Beispiel oder die Gründer der Architektengruppe Coop Himmelb(l)au. So nebenbei: Als damals der Literat Werner Kofler ins Funkhaus kam, war er aggressiv, klug und spitzzüngig, aber es ging ihm offensichtlich gar nicht gut. Ich, auch nicht begütert, doch einigermaßen ernährt und behaust, bot ihm an, doch bei mir noch was zu trinken. Kofler kam, leerte ohne mein Zutun eine Flasche Whisky, rülpste undankbar und ging. Etwa drei Jahrzehnte später habe ich ihn in der Schweiz bei einer Literaturwoche wiedergetroffen. Ob er sich erinnere? Kofler bestrafte mich mit einem düsteren Blick. „Ja. Porzellangasse 26. Ein Obstler wär mir lieber gewesen." Es ging recht wild zu damals, aber – und jetzt komme ich innehaltend endlich wieder aufs Thema – ich hatte schon in dieser Zeit allgemeiner Atemlosigkeit ein inniges, wenn auch liederliches Verhältnis zur Langsamkeit und ein Ohr (oder deren zwei) für leise Töne und sanfte Melancholie – auch das gehörte ja zum Lebensgefühl der Achtundsechziger. Über zehn Jahre lang gab es Woche für Woche eine Sendung mit dem seltsamen Titel *Melodie exklusiv*. (Das lag an Gerd Bacher, der keine englischen Titel wollte.) Aber mit dem Untertitel „Sentimentale Beispiele" kann ich noch heute leben. Damals bedeutete Radio – auch Ö3 – oft noch vorgelesenes Papier. Ich aber wollte Texte für die Ohren schreiben, nicht für die Augen. Außerdem ging's mir darum, meine Hörerinnen und Hörer einzubinden, ihnen Gelegenheit zu geben, ihre eigene Welt in den Texten zu erkennen und die Geschichten für sich persönlich fortzuschreiben. Dafür boten sich kurze offene Dialoge zwischen Mann und Frau an, meist recht erotische, manchmal für damalige Begriffe fast schon pornographische, eingebettet in dunkelblaue

Emotionalität. Das bedeutete viel Leonard Cohen, sehr viel Leonard Cohen, aber auch Joan Baez, Peter, Paul & Mary, Gordon Lightfoot, Bob Dylan, Jack's Angels, Milestones, Schmetterlinge und, und … in einem atemlos schnellen, vorlauten Radioprogramm gelang zwischen wilden Gitarrenläufen und Schlagzeugstakkatos ein leises, sanftes Experiment – und bis heute wirkt diese Sendung nach. Übrigens weiß ich von einer Ehe, die nach innigem Hörgenuss geschlossen wurde, und von einigen akustisch angeregt gezeugten Kindern. Mitte der 1970er wurde die Sendung dann auf eine Stunde verlängert und ich brauchte ein zusätzliches Element, um ein wenig Abwechslung in die Struktur zu bringen. Ich rief also eine Figur ins Leben, ein Bündel reizender Neurosen, das verständlicherweise den Namen Alfred trug. Die folgende Geschichte habe ich dem Buch *Spätlese, Texte aus vier Jahrzehnten,* erschienen im Haymon Verlag, entnommen. Ich schreibe demnach sozusagen ein zweites Mal von mir ab – eine verabscheuungswürdige Alterserscheinung, die aber diesmal ihre Berechtigung hat: Es geht nämlich um Zeit, um ihre hektische Nutzung und ihre versöhnliche Dehnung.

„Einmal hatte Alfred einen zeitlosen Beruf: Zeitwächter. Er achtete allenthalben darauf, dass keine

Zeit verlorenging. Langsamen Uhren gab er die Sporen und sagte einer: Seht nur, wie die Zeit verrinnt, war Alfred auch schon mit seinem Zeitkrüglein zur Stelle, um sie aufzufangen. Zeitvergeudung war Alfred ein Greuel. Er lehrte die Hausfrau Eva Suppe, Braten, Kuchen und Briefträger gleichzeitig zu erhitzen und nicht anbrennen zu lassen, er brachte dem Seemann S. bei, wie er die sieben Meere befahren konnte, gleichzeitig Pullover stricken, aus feinstem Seemannsgarn, Seejungfrauen schuppen und Seelöwen die Mähne stutzen. Alfred erhielt viele Auszeichnungen: das goldene Pendel am Bande, die silberne Unruh und den kleinen Zeiger in Bronze. Solchermaßen motiviert, ging Alfred daran, sogar Versäumnisse anderer Leute nachzuholen. Für den kreuzbraven Herrn N. betrog er das Finanzamt, für den blassen Knaben K. verzehrte er üppige Damen und dem Oberstudienassessor X. holte er aus des Nachbarn Garten eine verlorene Kindheit. Leider versäumte Alfred im Zuge dieser Tätigkeiten eigene Interessen: Schon seinen Geburtstermin hatte er nicht eingehalten und als er endlich kam, wollte ihn keiner mehr haben. Statt im Kindergarten artige Blüten zu treiben, wurzelte er nebenan, im Rübenacker. Alfred versäumte die Schule und lernte in den Pausen und als ihn ein schönes Weib aufs Kanapee warf, versäumte er es, zu sündigen. Als er in den Stand der Ehe trat, versäumte er es, seine Frau kennenzulernen, und als er, reich an Jahren, ein würdiger Greis werden wollte, musste er erkennen, dass er es bisher versäumt hatte, erwachsen zu werden. Also beschloss Alfred dies alles nachzuholen, an einem einzigen Tag, und es hätte auch fast geklappt, hätte er diesen Tag nicht versäumt. Alt wurde er ja doch: Erst bekam er bunte, dann welke Blätter und die fielen ihm nach und nach aus der Krone. Weil er nicht länger so alt und nackt herumstehen wollte, fiel er um. Behaglich begann er zu modern und war fest entschlossen fruchtbar zu werden, schwarz und erdig, für alle, die Wurzeln in ihm schlagen wollten. Doch leider kam ein Verleger des Weges und trug ihn in seinen Verlag. Jetzt erscheint Alfred zwischen Buchdeckeln, und kein Wort ist an ihm wahr."

Ende der 1970er Jahre kam es in Ö3 zu einer Wende, die das Programm bis heute prägt. Profilierte Sendungen und Strukturen, die dazu anregten, gezielt einzuschalten und auszuschalten, konnten das Vorhaben, einen nach Tageszeit variierten Musikteppich mit geringem Wortanteil zu schaffen, nur stören. Es ging jetzt einfach darum, der Werbung eine attraktive Umgebung über die ganze Sendezeit hinweg zu bieten, Hörerinnen und Hörer so lange wie möglich ans Radio zu binden. Das bedeutete das Ende für gestaltete, im Studio produzierte Sendungen, aber auch für eigenwillige Live-Formate wie die *Musicbox,* die immer tiefer in die Nacht geschoben wurde und irgendwann gänzlich verstummte. Im Gegenzug streifte aber Ö1 die letzten Reste hochkultureller Blässe ab und wurde zum munteren, tiefgründigen, doch locker präsentierten Programm, das heute für viele, die verzweifelt daran glauben wollen, dass da noch etwas sein muss zwischen *Fun* und *Chillen,* zu einem akustischen Wohlfühl-Revier geworden ist. Der ORF wird nicht müde, sich dieses schöne und dazu auch noch erfolgreiche Programm als Feigenblatt vor zahlreiche Blößen zu halten. Wenn es aber um das liebe Geld geht, sieht es meist traurig aus.

Auch das Fernsehen folgt diesem Trend. Quote bringt Werbeeinnahmen, bewährte, vielfach anderswo abgekupferte Formate bringen Quote. Und daneben gibt es auch noch Kultur, muss halt sein, von wegen öffentlichkeitsrechtlicher Sender und so.

Ich habe – im ORF kaum noch präsent – auch für den Bayerischen Rundfunk geschrieben, mehr noch für den Hessischen, und für die Deutsche Welle. Da muss ich wohl oder übel eine peinliche Geschichte erzählen: Mein erstes Manuskript habe ich in aufgeregter Eile an den Deutschlandfunk geschickt. Der hat es hämisch den nicht allzu weit entfernten

Kollegen der Deutschen Welle mit einem Begleittext übermittelt: „Anbei ein Manuskript von einem ihrer intelligentesten Mitarbeiter." Das aber nur so nebenbei. Im Großen und Ganzen lief es im Radio überall ähnlich: immer weniger gestaltete Sendungen, immer mehr Moderation – brillant zuweilen, oft durchaus hörbar, aber noch öfter eben nicht mehr als angestrengt originelles Geschwätz.

Aber im Fernsehen geschahen Zeichen und Wunder: Alle bislang vier Verfilmungen meiner Kriminalromane rund um den behäbigen Gendarmen Simon Polt aus dem ebenfalls nicht als hektisch bekannten Weinviertel und dann noch zwei Romane um den Journalisten Daniel Käfer brachten Quote, nicht zu knapp, und auch anspruchsvolle Zuschauer waren glücklich damit – und zwar weit über Österreich hinaus. Vielleicht ist das Fernsehpublikum ja doch klüger und sensibler als vermutet? Ich bin sicher, dass es so ist. Tief ziehe ich meinen nicht vorhandenen Hut vor diesem Publikum, vor dem Produzenten, den Verantwortlichen im ORF, bei ARTE und im Bayerischen Rundfunk, vor Erwin Steinhauer, Peter Simonischek, vor dem Regisseur und Drehbuchautor aller dieser Filme, Julian Pölsler, und vor allen anderen, die es gemeinsam gewagt haben, leise, langsam, sehr langsam sogar, und subtil zu sein – und die in einer vordergründigen Fernsehwelt der schnellen Schnitte auch noch so unverschämt waren, Erfolg damit zu haben. „Dreh das Fernsehen ab, Mutter, es zieht“, heißt es in einem Chanson von Georg Kreisler. Es muss aber nicht immer ziehen.

Der Rückschritt der Fortbewegung

Über mein erstes Auto, einen blitzblau lackierten 2CV, habe ich schon in der *Spätlese* geschrieben. Ich fasse mich daher kurz. Meine Ente war ein schwaches, bis zur Hinfälligkeit der Reparatur bedürftiges Fahrzeug, ein leichter Spielball der Elemente. Ich besaß damit ein dünnes, fragiles Gehäuse für meine Naivität, für maßlose Träume und Reisen, so flügelleicht und grenzenlos, wie sie mir später nie mehr gelungen sind. Außerdem war die Ente ein Vehikel, das den *Homo sapiens* überzeugte, weil es dem *Homo ludens* so viel Freude bereitete. Letzterer brauchte ganz einfach ein Auto, das schauerlich schräg in den Kurven hing, die Vorderräder schelmisch schräg gestellt, das sich beim Bremsen tief verneigte und mit dem Motor wackelte. Dieses Auto hatte zwei freche Augen und einen noch frecheren Pürzel, über den sich Sportwagenfahrer ärgerten, bevor sie in haltlose Überholmanöver ausbrachen. Und dann blieb das wundersame Mobil auch noch im Stehen sanft wiegend in Bewegung, vor allem wenn sich zwei in ihm bewegten. Vorbei, ach vorbei.

Diesem lustvoll rollenden Abschnitt meines mobilen Daseins folgte nämlich eine längere und vor allem schnellere Irrfahrt. Zu meinem raschen beruflichen Aufstieg passten doch wohl nur immer größere und eindrucksvollere Autos, auch langweiligere, rückblickend betrachtet. Da saß ich drin, eine fatale Mischung aus Jochen Rindt und Woody Allen, hatte es auch ohne Eile eilig, machte mich wichtig und lächerlich. Aber gerade noch rechtzeitig gelang das rettende Bremsmanöver: Schluss mit dem GSXL und so weiter, her mit einer Ente. Und schon war es wieder da, das gute, alte Gefühl: kuschelsanft das Hinterteil gebettet, die eine Hand am Fernfahrerlenkrad, die andere dem lustvoll erigierten Schaltknödel begegnend, und schon bei 15 km/h orgelte der Fahrtwind durch zahlreiche Ritzen. Aus den Wirtshäusern in der Wiener Porzellangasse, in denen ich damals wohnte, wenn ich nicht zufällig zuhause war, strömten die Diplomtrinker, die Kampftrinker und die Verlegenheitstrinker und stellten ohne besondere Verwunderung fest, dass meine gelegentliche Verstandestrübung nun endgültig wonnigem Wahne Platz gemacht habe. Mein leidgeprüftes Bankinstitut fragte diskret nach dem aktuellen Auftragsstand in der Lohnschreiberei und schreibende Mitbewerber merkten zufrieden an, dass dieses – na ja – Auto endlich der – na ja – Qualität meiner Arbeit entspräche. Es war nicht weltbewegend, eine Ente durch die Welt zu bewegen, aber es bewegte. Stets war es anzuraten, für die Ausfahrt günstige Winde abzuwarten, doch auch dann blieb die Beschleunigung eine charakterbildende Erfahrung: ein endloses, unendlich sanftes Streben nach Geschwindigkeit, behutsames Tasten nach den Anfängen, nicht nach den Grenzen von Raum und Zeit. Es war ein heiteres Leben mit den Elementen, ein freudiges sich Hingeben in die Arme des Schicksals. Im Spiel jener Kräfte, die der Schwäche innewohnen, waren die Grazie der Tollpatschigkeit und die Lehre der reinen Unvernunft. Und die Ente war lehrreich. Merke, gab sie zu wissen, nichts lässt sich erzwingen, aber alles erhoffen. Und schreib's dir hinter die Ohren, mein Freund: Nicht Konfrontation ist die Devise, sondern Kommunikation. Wer es eilig hat, sitzt nicht im falschen Auto, sondern ist zu spät weggefahren. Wer ungeduldig ist, schäme sich dieser Schwäche. Die Kraft der Hinfälligkeit, die Stärke der Nachgiebigkeit und die Ausdauer der Bescheidenheit sind es, die dem Leben mit einer Ente Sinn und Tiefe geben. Ja und noch etwas: Rechts oben, über dem Beifahrersitz, klebte ein rotes Herz an der Windschutzscheibe, eine Erinnerung an die Zukunft sozusagen, frei nach Woody Allen (Sie sehen schon: Von Jochen Rindt war keine Rede mehr.): Stundenlang klopfen die Frauen an meine Ententür, aber ich lasse sie nicht hinaus.

Irgendwann war dann aber doch Schluss, die Ente alt und gebrechlich geworden und eine neue nicht mehr zu haben. Eine ruhmreiche Phase genialer Naivität im Autobau geriet unter die Räder optimierter Effizienz und seelenloser Kraftmeierei. Ganz bestimmt wird es eines Tages, weil das Auto, auch das schnellste, das teuerste, das verrückteste, unerträglich fad geworden ist, wieder ein entenartiges Gefährt geben: Die Fertigungsroboter werden dann programmiert sein, da und dort ein wenig Luft zu lassen, ein unterhaltsames Bouquet von Karosseriegeräuschen mit einzubauen, und ein Zufallsgenerator wird dann und wann für eine possierliche Panne sorgen. Natürlich gibt es mit dem Kaufvertrag auch die „Duck-Card", mit der man bei allen Treffen gleichgesinnter EntianerInnen bargeldlos zahlen darf. Aber dann ist es zu spät. Der Sündenfall ist längst passiert, und der gute alte André Citroën, Gott hab ihn selig, steht als Engel mit dem Flammenschwert vor dem verlorenen Paradies.

Immerhin habe ich seit meiner letzten Ente (der vierten) nie wieder ein großes Auto besessen. Auch ist die Art meiner mobilen Fortbewegung eher beschaulich geblieben, und meine Beziehung zu Verkehrswegen aller Art ist von liederlicher Unverbindlichkeit. Natürlich gibt es viereckige Gemüter, für die Straßen nur ein Teil der heutzutage notwendigen Infrastruktur sind. Wer es sich allerdings wie ich nicht nehmen lässt, die Welt fahrend zu erfahren, wird ein anderes Verhältnis zu Straßen haben: ein leichthin amüsiertes oder unersättlich genießerisches, wird sich ein neugieriges Techtelmechtel gönnen oder eine wilde Affäre. Wer sich mit Straßen einlässt, wirklich einlässt, tauscht nun einmal seine statische Existenz gegen eine bewegte: Alles ist möglich. Löst sich ein Schiff vom Ufer, fängt das Abenteuer auf hoher See an. Verlässt ein Auto den Parkplatz, ist das nicht weniger aufregend – vorausgesetzt, der Steuermann oder die Steuerfrau wissen, dass nicht die geplanten Ziele wirklich wichtig sind, sondern jene, die einem über den Weg laufen.

Da gibt es die Geschichte von einem Verleger, der aus dem Waldviertel aufbrach, um auf der Frankfurter Buchmesse seine schönen Erfolge mit einem wunderschönen Vertrag zu krönen. So fuhr er, erst eilig, dann immer gemächlicher durchs Land, sammelte Bilder, nahm Herbstfarben in seine Gedanken, kam ins Träumen, pfiff auf Frankfurt und auf den Erfolg und kehrte auf vielen genussreichen Umwegen in sein schönes Bauernhaus zurück.

Und da war jenes lammfromme Ehepaar aus Basel, das eigentlich nach Wels wollte, weil es nach Wels musste, einer Erbschaft wegen. Dass die beiden auf halbem Wege in einem drittklassigen Rasthaus eine erstklassige Liebesnacht miteinander hatten, war

zwar nicht geplant, tat aber der Beziehung irgendwie gut.
Nicht zu vergessen jener junge Mann, der seine Freundin, statt auf der Tauernautobahn schnurstracks in ihre Arme zu rollen, mit der Großglockner Hochalpenstraße betrog. Als er aber dann, um Stunden verspätet, ankam, war seine Zärtlichkeit erfüllt von kuriosen Kehren und bezaubernden Windungen und auf der gemeinsamen Passhöhe waren beide ganz unordentlich glücklich.
Es gibt immer noch Leute, die meinen, Straßen hätten keinen anderen Zweck, als A mit B zu verbinden. Doch wer sich auch nur ein wenig auskennt, weiß von glückseligen Verirrungen, von Schätzen, die nur jene finden, die nicht suchen. Jetzt darf ich mich schon wieder zitieren: meine Radiosendung im Ö3 der 1970er Jahre, Sie wissen schon …
„Sie trafen einander auf der Straße nach B.
Wohin? Fragte er.
Wenn ich das wüsste …
Wie schön! Dann haben wir den gleichen Weg."

Nach Diktat
verreist

Im Garten der Lüste zählt die Reiselust heutzutage zu den moralisch einwandfreien und gesellschaftlich anerkannten Gewächsen, leider auch zu den langweiligsten. Nicht einmal der Umstand, dass sie käuflich ist, macht sie aufregender. Der gut sortierte Reisehändler greift ins gefüllte Regal, legt eine sorgsam katalogisierte und kalkulierte Reisewelt auf den Tisch, weist auf das wonnige Preis-Leistungs-Verhältnis hin und lässt im Übrigen den Reiselustigen jede Freiheit: Meerblick oder nicht, vielleicht aber doch wenigstens ein seitlicher, Safari oder nicht, organisierte Geselligkeit oder organisiertes Nichts, großes Abenteuer, dosiertes Abenteuer oder gar kein Abenteuer. Wer gezahlt hat, kann eigentlich schon zuhause bleiben, so genau weiß er schon jetzt, woran er sich später erinnern wird.

Man könnte natürlich auch bösartig sein und den Reisehändler verwirren. Nach Mull, einem Inselchen irgendwo neben Schottland, wolle man aufbrechen, mit Zug und Schiff, und der getreue Hund Hektor wäre auch gerne mitgekommen. Der Reisehändler wird wohl erst einmal schmerzlich zusammenzucken, doch dann mit der Gebärde eines Ertrinkenden ins Prospektfach der British Tourist Authority greifen. Da schau her: Auch Mull ist touristisch durchorganisiert. Caledonian MacBrayne macht das schon.

Na, dann eben einfach auf und davon, über den Fluss und in die Wälder, ganz ohne fremde Hilfe. Aber man reist ja doch nie auf sich allein gestellt, bleibt immer eingesponnen in einen Kokon betulich vorbeugender Schutzimpfungen, distanzloser Kommunikationssysteme, weltweit gültiger Zahlungsmittel und hilfreicher diplomatischer Vertretungen. Ganz abgesehen davon schlägt irgendwann und aus dem Hinterhalt das organisierte Reisen zu, die Fernwehmafia. Ein Freund von mir gönnte sich letztens einen Wüstentrip in Arizona. Als dann die Ausgesetztheit schon mit Händen zu greifen war und gelber Sand schmirgelnd um die mürben Mauern eines einsamen Motels wehte, beschloss er zu bleiben, um Zwiesprache mit sich selbst zu halten. Zwanzig Minuten später traf ein geländegängiger Kleinbus ein, besetzt mit einer sangesfrohen Volkstanzgruppe aus der Heimat des kühnen Reisenden. Doch die wahren Abenteuer sind ja ohnedies im Kopf (© André Heller – oder wer auch immer). Also lehnt man sich einfach zurück und gönnt sich erst einmal eine ausgedehnte Zeitreise. Im 15. und 16. Jahrhundert, als die Welt schon einigermaßen rund war, aber noch immer aufregend groß und weit, brachen die ersten Entdeckungsreisenden zu neuen

Ufern auf, getrieben von neuzeitlichem Wissensdurst und der Lust am Abenteuer, doch stets auch bemüht, dem Machtstreben und der Geldgier ihrer Auftraggeber zu dienen. Den staunenden Daheimgebliebenen brachten sie Schätze und Kuriositäten mit, Pflanzen, Tiere, Sklaven und wilde, farbige Geschichten. Was sie nicht wirklich erlebt hatten, ergänzte die Phantasie: Zyklopen in giftigen Tropennebeln, geschwänzte Menschen auf Inseln im Indischen Ozean und Einfüßler auf Java. Doch schon damals waren Fabelwesen eine aussterbende Gattung und den phantastischen Abenteuern folgten einträgliche Geschäftsreisen, unbändige Neugier wurde von wissenschaftlichem Forschungseifer abgelöst. „O Jahrhundert! O Wissenschaft!“, freute sich der Humanist Ulrich von Hutten. „Es blühen die Studien, die Geister regen sich!“ Unsereinen, fernab romantischer Abenteuer und akademischer Begierde im digitalen Netzwerk der Gegenwart verhaftet, lassen wenigstens historische Reisebücher diese Zeit des globalen Umbruchs miterleben. Doch die Reiselust gänzlich zwischen Buchdeckel zu verbannen, kann's ja auch nicht sein.
Einige Jahre hindurch war ich reisend und schreibend für Zeitschriften unterwegs. Das ist weitgehend vorbei. Es gibt kaum noch Redaktionen, die Autoren und Fotografen die Freiheit geben, Reise-

ziele im Sinne des Wortes zu erfahren und zu erleben. Allenfalls geht es um das hastige Sammeln vordergründig nützlicher Informationen: Was muss gesehen, konsumiert, gegessen werden? Was auch immer, es steht ein „Muss" davor. Mit Reiselust hat das wenig zu tun. Meine schönsten Reiseerfahrungen haben sich aber immer dann ergeben, wenn eine Reise unvermutet zum Stillstand gekommen ist oder auf eine ganz andere, tiefere Art erst richtig in Bewegung. Dann verlieren auch zurückgelegte Distanzen an Bedeutung. Ob fern, ob nah: Eine Reise, die in sich ruht, zur Ruhe kommt, ist immer eine Weltreise.

In Ägypten, zum Beispiel, war ich recht gemächlich mit einem Fotografen unterwegs, dessen Hang zu einer, na ja, phäakischen Lebensführung mir nicht allzu fremd war. Wir lebten also herrlich und in Freuden – fast immer: Leider zählten betrunkene Polizisten und schlafende Soldaten zu den Lieblingsmotiven des Lichtbildners und das konnte schon einmal zu ernstlichen Komplikationen führen. Aber er beherrschte die Landessprache und das war Goldes wert. So mussten wir uns etwa nicht damit begnügen, mit vielen anderen Reisenden Luxor, Theben und die Tempelstadt Karnak am östlichen, rechten Nilufer zu besichtigen. Wir nahmen die Fähre zum anderen Ufer, wo kleine Dörfer auf alten

Grabanlagen stehen. Nagada ist eines davon, ein sehr altes Dorf: Der erste Pharao, wird gemunkelt, stamme von hier. Ruhig ging es hier zu. Träge schwappte das Nilwasser über die flachen, mit Feldern bedeckten Ufer, hölzerne Fischerboote glitten müde über den hitzeflimmernden Wasserspiegel und die Straßen waren leer. In einem dämmrigen Innenhof wurden feine Tücher aus Seide und Baumwolle gewoben. Freundliche, leise Geschäftigkeit überall, eingehüllt in schläfrige, bienensummende Stille. Hühner liefen über den Webstuhl, unter einem Schilfdach dösten Enten. Urtümliches Gerät lehnte an den lehmverschmierten Ziegelwänden, Amphoren daneben, gefüllt mit gesalzenem Fisch, mit Schafkäse oder Trinkwasser, kühl gehalten durch die Verdunstung. Die Töpferei, in der diese Gefäße entstanden sind, war nicht weit entfernt: So, als ließe er sie aus dem lehmigen Boden wachsen, zog dort Ismael Mohamed das Material von der Töpferscheibe himmelwärts, wölbte es zwischen seinen Händen, fügte einfache Verzierungen hinzu. Dann holte eins der vielen Kinder frischen Ton aus der Grube und die Arbeit ging weiter. Wir wollten damals nichts anderes als bleiben, wollten nur Tee trinken und dem leisen oder auch dem lauten Leben zuhören. Eine *Ursa*, ein einfaches Wirtshaus am Straßenrand, gehörte dazu, hatte Platz für die schlichten Freuden des Daseins: plärrende Musik, das Klicken der Dominosteine und dazu eine Art übergeordneter Ruhe, unzerstörbar, weil nach innen gerichtet.

Aber auch der Böhmische Prater am südlichen Stadtrand von Wien kommt mir in den Sinn – nicht nur als verträumter, seltsam gestriger Rummelplatz. Wald und Wiese finden sich gleich nebenan. Die blanken Spiegel von Teichen sind versöhnliche Metamorphosen einer düsteren Arbeitswelt: Böhmische Ziegelarbeiter lieferten unter elenden Bedingungen Material für die Prunkbauten der Residenzstadt Wien. Erst in den 50er und 60er Jahren des vergangenen Jahrhunderts besann sich die Stadt ihrer peinlich kahlen Stellen sowie der Menschen, die dort lebten, und schritt zu „Wohlfahrtsaufforstungen“: 270.000 Bäume schlugen mühsam Wurzeln in schlechten Böden, so wenig nahrhaft, dass eine Grenzsäule an der Laaer Straße noch immer den Namen „Magere Henne“ trägt. Doch heute erinnert nichts mehr an die karge Vergangenheit. Es ist eine lichte, sonnenflirrende Welt mit tanzenden Schattenflecken, ein wenig dunkler nur im dicht bewachsenen Vogelschutzgebiet mit den stillen Wasserflächen der ehemaligen Ziegelgruben. Dort, wo sich ein Holzsteg über den Butterteich schiebt, kann es sehr gut gelingen, dem Rest der Welt erst einmal zu entsagen und die Gedanken loszulassen. Im Grunde genommen weiß ja kein Mensch, was sich da drüben im Dickicht am anderen Ufer tut. Kinder jeden Alters haben immerhin so ihre Vermutungen … im dämmrigen Dickicht lauern ganz gewiss die allerliebsten Ungeheuer nebst anderen Überraschungen. Säbelzahntiger und Killerbienen könnte es da geben, schwarze Panther und weiße Einhörner oder einen Piratenschatz. Die Verliebten, geübt im Negieren von Wirklichkeiten, erklären die Wasserfläche erst einmal für uferlos, dann lösen ihre Schiffe die Anker, jagen mit prallen Segeln aufeinander zu und nebeneinander her. Wenig später versinken sie dicht an dicht und gehen der Sache auf den Grund.

Oder darf es vielleicht Aquitanien sein, zu guter Letzt, gelassene Vielfalt fernab von Paris? Fast zwei Wochen war ich dermaßen rastlos unterwegs, dass es der Kilometerzähler kaum zu fassen mochte – es gab ja so vieles abzuhaken, wenigstens andeutungsweise kennenzulernen. Doch eines Tage war Schluss damit – und zwar in Saint-Émilion. Das Städtchen ist aus einer Eremitage des achten Jahrhunderts entstanden und das ist noch nicht wirklich lange her: Klein, verwinkelt und würdig wächst es aus den Weingärten, schwereloses Alter, steinerne Heiterkeit. Zu Füßen der uralten Felsenkirche drängen sich die Häuser um eine schiefe, mit Steinen gepflasterte Fläche, sichere Zuflucht für unsereinen. Vor dem einzigen Café standen ein paar Tische. Die Stadt Bordeaux, gediegen, elegant und hochnäsig, war ganz nahe und doch ein paar Welten entfernt von diesem Platz, einem geräumigen Wohnzimmer unter dem unverschämt blauen Sommerhimmel. Es gab demnach nichts Besseres zu tun, als mich in der schönen Kunst zu üben, Zeit zu verschwenden, dem Geschmack des roten Weines nachzuspüren, der sich weich und drängend an den Gaumen schmiegte. Hier durfte ich der stillen und doch ein wenig verwirrenden Vielfalt Aquitaniens ganz einfach im Sitzen nähertreten, mich mit halb geschlossenen Augen dem Studium jenes Lichtes hingeben, das zu den Kostbarkeiten des Landes zählt. Wohl dem, der die richtigen paar Zeilen Hölderlin zur Hand hat. „Es reiche aber, Des dunklen Lichtes voll, Mir einer den duftenden Becher, Damit ich ruhen möge; denn süß wär' unter Schatten der Schlummer." Erst, als mein (gedachter und geträumter) Bart siebenmal um den Tisch gewachsen war, fand ich es angemessen, ans nächste Ziel zu denken, an eines, dem ich nicht minder gemessenen Schrittes begegnen wollte. Diesmal war es eine Düne, die Dune du Pilat. Zwei Kilometer ist sie lang und weit über hundert Meter hoch. Das reicht für einen gemächlichen Gipfelsieg und für ein elitäres Vergnügen ganz nach meinem Geschmack: Auf dieser Düne ist es möglich zu wandern, ohne auch nur einen Schritt zu tun. Jahr für Jahr schlurft das sandige Ungeheuer an die fünf Meter gen Osten.

Brotlose Künste

Mein seltsames Berufsleben entbehrt zwar jeglicher Vorbildwirkung, ist aber exemplarisch. Während dieser Schwindel erregenden Berg- und Talfahrt ist mir nämlich so ziemlich alles untergekommen, was es an nachhaltigen Pannen und kurzlebigen Erfolgen so gibt. Vieles davon hatte mit meinem frechen Ansinnen zu tun, vom Schreiben leben zu wollen, manches betrifft etablierte Berufstätige, mit denen ich zu tun hatte – und die mit mir ihre Erfahrungen machten. Die Wechselwirkungen zwischen dem Leben von der Hand in den Mund eines windigen Einzelgängers und konventionellen Karrieren sind ja vielschichtiger, als man es vermuten möchte. Jedenfalls fängt für alle gemeinsam das Berufsleben mit der Schule an. Ob sie nun später geniale Beamte oder pragmatisierte Genies sein würden, gut verdienende Versager oder nützliche Idioten – sie mussten da durch. In der Schule gab es ein (übrigens bis heute hartnäckig altmodisches) Unternehmensleitbild namens Lehrplan, eine gnadenlos vertikale Organisationsstruktur, es gab Konkurrenz, Seilschaften, Lobbying, Mobbing, förderliche und hinderliche Liebschaften, natürlich auch eine hämisch sich öffnende Einkommensschere – je nach Taschengeld und gesellschaftlicher Vorrangstellung oder

Diskriminierung als Spiegelbild der elterlichen Situation. Erst sehr viel später habe ich gelesen, dass sich das Wort Schule vom griechischen *scholé* herleitet: Innehalten mit der Arbeit, sich dem Schönen widmen. Zwischen den alten Griechen und den neuen Pädagogen haben sich da wohl ein paar Missverständnisse eingeschlichen. Ich war, wen mag das wundern, ein merkwürdiger Schüler: lernwillig, aber widerspenstig. Weil zum Beispiel mein Mathematikprofessor nutzlose Hausaufgaben gab, weigerte ich mich, ihnen nachzukommen, unterwarf mich aber selbst gestellten Übungen, die sogar mehr Arbeit bedeuteten, vor allem aber mich nach meinen Vorstellungen weiterbrachten. Mein ebenso kluger wie toleranter Vater hat mir irgendwann darin sogar Recht gegeben. Als die Matura dräute, hatte ich dennoch allen Grund zur Sorge, wenn nicht zu panischer Angst: Mein erworbenes Wissen stimmte nämlich so gar nicht mit jenen Inhalten überein, die bald einmal abgeprüft werden sollten. Andererseits war ich aber geübt im schulischen Daseinskampf, nicht minder erfahren im Umgang mit meinen Schwächen und Defiziten. Das war letztlich entscheidend. Ich schlängelte mich gerade noch durch, während andere, als wandelnde Enzyklopädien mustergültig vorbereitet, die Nerven verloren und mit fassungsloser Empörung vor dem Nichts standen, das sich plötzlich in ihren Köpfen breitgemacht hatte. Mit einigem Abstand habe ich später meine Lehre daraus gezogen: Realistische Selbsteinschätzung, Taktik und soziale Kompetenz zählen mehr als eingelerntes Wissen. Dann ging's auch schon nach Wien, an die Universität. Mein Vater hatte mir geraten, den Beruf des Dichterfürsten nicht auf direktem Weg anzustreben, sondern vorsichtshalber auch noch einen Beruf zu erlernen, der mich verlässlich ernähren konnte. Das war einzusehen. Ich studierte also Jus, täuschte bei einer Seminararbeit mit literarischen Mitteln akademische Kompetenz vor und brachte es zur wissenschaftlichen Hilfskraft am Institut für Rechtsgeschichte, ausgestattet mit dem Schlüssel zum Professorenklo. So nebenbei verlor ich, der Not gehorchend, nicht dem eignen Triebe, die dichterische Unschuld und schrieb für Geld. Bald einmal kam es zur Rundfunkreform, Autoren wurden gebraucht, und ich brach nach der zweiten Staatsprüfung das Studium ab. Doch auch in dieser Hinsicht sollte sich der Kreis schließen, wenn auch Jahrzehnte später. In Salzburg traf ich zufällig mit meinem ehemaligen professoralen Arbeitgeber zusammen, der mich bei dieser Gelegenheit herzlich bat, mir doch einmal jene Texte anzuschauen, die ihm nach seiner Emeritierung den Weg ins literarische Schaffen erschließen sollten.

Das versprach ich gerne, fügte aber mit heiterer Häme hinzu, dass er nun meinerseits mit wissenschaftlicher Akribie und despotischer Strenge rechnen müsse. Merke: Auch vorzeitig beendete Berufswege können ans Ziel führen – man muss nur warten können. Doch ich greife vor. Im Radio endete der frühe Erfolg mit dem Absturz ins Bodenlose. Ich hatte unzählige Sendungen gestaltet, Beiträge geschrieben, Reportagen gemacht, doch stets als namenloser Mitarbeiter im Dienste eines Auftraggebers, der sich aus guten Gründen davor fürchtete, künftige Konkurrenten heranzuzüchten. Als es dann zum Bruch kam und ich selbstbewusst darangehen wollte, mich nunmehr im eigenen Namen zu vermarkten, musste ich erkennen, wie fatal es ist, wenn dieser Name keine Marke ist, schlimmer noch, unbekannt. Es folgte ein karges, hungriges Innehalten, eine Arbeitslosigkeit ohne die mindeste Mindestsicherung. Da saß ich also – gottlob noch nicht gekündigt – in meiner stromlosen Wohnung, kaute lustlos Mehlfladen und lernte fürs Leben. Erstes Ergebnis: Vergiss den Dichter, schreib, was du zu fassen kriegst, ob Schlagertext, ob Werbeslogan oder Gebrauchsanweisung. Zweites Ergebnis: Lass dir aber dein Gewissen nicht verbiegen und sieh zu, dass dich die Leute kennenlernen und im Kopf behalten. Beides hat relativ rasch und gerade noch rechtzeitig funktioniert. Allerdings waren einige wenige Berufsjahre im Büro nicht zu vermeiden. Als Werbeleiter in einer großen Textilfirma hatte ich einen Vorgesetzten, den rastloser Fleiß und hektische Betriebsamkeit derart beschäftigten, dass er kaum noch zum Arbeiten kam. Ein wenig ließ ich mich davon anstecken. Eines Tages, ich hatte die ganze Nacht hindurch einen Messestand aufgebaut, die Eröffnung stand knapp bevor und ich war noch nicht fertig, näherte sich mir bedächtigen Schrittes einer der Firmeneigentümer. Er fasste mich milde und etwas verwundert ins Auge. Dann legte er mir begütigend eine Hand auf die Schulter und hub an, mir von seiner Reise in die Lagune von Venedig zu erzählen, die wunderbar harmonisch verlaufen sei, weil es nicht seine Frau gewesen war, die ihn begleitet hatte. Irgendwann unterbrach ich ihn höflich, doch mit beträchtlicher Nervosität und wies auf meine Zeitnot hin. Er schwieg verblüfft, neigte das Haupt und sprach: „Ja, Herr Komarek! Haben Sie sich ang'schissen?“ Wenige Jahre später war ich wieder Freiberufler, mein hektischer Vorgesetzter war arbeitslos und das Textilunternehmen hatte Konkurs anmelden müssen. Allerdings war es zuvor einem kleinen, aber erfolgreichen Teil unauffällig gelungen, sich abzuspalten. Dieses Unternehmen zeichnet sich noch heute durch attraktive Produkte und glänzende Geschäfte aus. Der Eigentümer ist übrigens mein lethargischer Gesprächspartner von damals. Na klar: Er gehört zu jenen, die nicht dauernd irgendetwas tun, sondern dann und wann das Richtige. Das Innehalten war und ist für ihn nichts anderes als die edelste Form der Bewegung. Zu dieser Überlegung passt auf eine nur vordergründig respektlose Weise ein interessanter Aspekt im Zusammenleben unserer äffischen Vorfahren. Die Alphatiere, ja die haben's gut! Sie sind die stärksten, die größten, die schlauesten, die besten, die tatkräftigsten und nur ihnen gebührt die Hingabe der Weibchen. Wirklich nur ihnen? Es kostet viel Kraft und Zähigkeit, zum Alphatier zu werden. Ist so ein Affe dann endlich als Oberaffe, als Überaffe, etabliert, muss er täglich, stündlich darum kämpfen, es zu bleiben. Das bedeutet Stress und kostet Substanz. Seine unterlegenen Rivalen sind indes frisch und ausgeruht. Auch ist des Oberaffen Liebesleben standesgemäß plakativ, herrschsüchtig und anstrengend – das geht auf die Bandscheiben, wie man in Wien zu sagen pflegt. Und manchmal – auch so ein Affe ist nur ein Mensch – wird ihm wohl auch einmal alles zu viel sein. Dann aber ist flugs ein Rivale zu Stelle, der sich heimlich und in vergnügter Eile holt, was ihm nicht zusteht. Gelassen lauerndes Innehalten im Schatten der Macht gibt eben auch die

Kraft, rasch und dynamisch in Lücken vorzustoßen, die sich unvermutet auftun.
Ich kann das durchaus bestätigen (leider nicht im Hinblick auf die Weibchen): Einige Jahre hindurch, als ich mit der Auswahl meiner Schreibaufgaben noch nicht sehr wählerisch sein durfte, habe ich recht gut von dem gelebt, was mir schreibende Alphamenschen freiwillig oder unfreiwillig übrig ließen. Anders gesagt: Ich war für Redakteure und später auch für Verleger die zweitbeste Lösung. War ein berühmte Name nicht zu haben, weil dessen Inhaber oder Inhaberin meinte, sich schwierig geben zu müssen, erschöpft war, selig betrunken, unterfordert oder überbeschäftigt, schritt ich – unterbeschäftigt, nüchtern, ausgeschlafen und problemlos – frohgemut zur Tat. Es lebt sich wirklich angenehm in der zweiten Reihe. Rangkämpfe sind verzichtbar, Eitelkeiten unangebracht, und die Kritik macht sich nicht die Mühe einen hochzuloben oder niederzumachen. Außerdem: Es kann sehr kalt und zugig sein auf dem Gipfel, das gilt für alle Berufe. Eine eher triste Geschichte mit einem erstaunlich guten Ende möge dieses Thema abschließen. Weil ich ja dereinst (fast) alles für jeden geschrieben habe, der dafür bezahlte, begleitete ich einige Zeit als ambulanter Huldigungsschreiber Veranstaltungen eines Konzerns der Elektronikbranche. Der österreichi-

sche Direktor war damals ein durch fehlerlosen Fleiß emporgekommener Buchhalter, klein von Gestalt und heimlich belächelt, wenn nicht gar verachtet von lässig-dynamischen Managern, allesamt mit durchtrainierten Körpern und scharf zupackendem Intellekt. Bei einer Veranstaltung in Spanien sollte der kleine Herr Direktor – weil das gar so originell war – eine Rede in einer Stierkampfarena halten, natürlich ohne Stier. Ein Torero schlug aber vor, doch ruhig so ein rabiates Rind mitspielen zu lassen, weil der Stier ja gute zwanzig Sekunden regungslos verharren würde, um sich an das grelle Licht zu gewöhnen. Diese Zeit könne der Vortragende dazu benutzen, gelassen und erhobenen Hauptes aus der Arena zu schreiten. Das gefiel uns. Der Herr Direktor hub also an zu reden, der Stier trat ein und blinzelte, der Redner blickte auf und erschrak. Beifälliges Gemurmel, stummes, doch fühlbares Gelächter. Dann aber straffte sich die kleine Gestalt des bislang wenig eindrucksvollen Direktors. Er fuhr einfach damit fort, seine Rede zu halten, und er nahm sich viel Zeit dafür, zwei, drei Ewigkeiten, wenn nicht mehr. Den Stier würdigte er keines weiteren Blickes.
Manchmal gehört eben auch eine gute Portion Mut dazu, innezuhalten.

Wir sind so frei

Wir rackern uns im Berufsleben ja nur so ab, damit wir uns mehr Freizeit gönnen dürfen und diese angeblich so unbändig freie Zeit möglichst *trendy* und teuer vertreiben können, statt sie auf altmodisch nachdrückliche Weise totschlagen zu müssen. Natürlich ist auch die Freizeitgesellschaft heutzutage eine Leistungsgesellschaft. Männchen und Weibchen müssen einander beweisen, wer die Nase vorn hat oder den Hintern, den Busen, den Bizeps, den Intellekt, was immer.

Doch was zieht man dabei an beziehungsweise aus? Dass auch die Mode unser soziales Verhalten beschreibt, wenn auch in ziemlich fetziger Handschrift, ist ein alter Hut. Kleidung ist eben nicht nur dazu da, dem nackten Affen ein Fell zu geben, sie liefert auch Material für mehr oder minder eitle Selbstdarstellung und signalisiert nicht zuletzt Gruppenzugehörigkeit. Es gab mittelalterliche Zeiten, da machten es sich jene Machthaber, die dem austauschbaren Rest der Welt vorschrieben, wie er sich kleiden sollte, leicht, indem sie Mode als gestrenges Spiegelbild einer rigiden Gesellschaftsordnung einfach zum Gesetz erhoben. Adeliger Willkür folgten großbürgerliche Zwänge. Als dann endlich Individualität und Freiheit für alle aus den Fabriken kamen, schwebten, huldvoll um ihre Klientel bemüht, auch schon die Götter der Haute Couture mit sensibel vibrierenden Flügelspitzen über den Meeren der Massenmode. Leichter Hand schufen sie aus Farbe und Licht, hellen Gespinsten und bauschigem Gewölk einen Modehimmel, der nur wenigen höheren und vor allem zahlungskräftigen Wesen offenstand. Aber weil auch in tieferen Sphären Geld zu verdienen war, sorgten Couturiers dafür, dass ein attraktiver Abglanz elitärer Herrlichkeit schließlich auf das einfache Volk da unten hernieder regnete. Daneben etablierte sich frech und erschreckend ungeniert so etwas wie Mimikry-Mode, die noch dazu so tat, als wäre sie gar keine Mode, sondern eine nonkonformistische Uniform. Eine Weile durfte sich ein Hippie ja darauf verlassen, dass ein ähnlich gekleideter Mensch auch zur Gattung Blumenkind zählte, doch kurze Zeit später konnte so ein buntes Wesen genauso gut Frau Generaldirektor auf dem Weg zum Sommerfest sein. Ein paar Monate vielleicht blieben jenen, die sich auch optisch alternativ präsentieren wollten, ihre Bärte und langen Haare, ihre Turnschuhe und Latzhosen exklusiv gegönnt, dann schlug das Establishment zurück, griff zu Designerjeans und Reebok oder gefiel sich leger vergammelt ganz prächtig. Was blieb den geschockten Alternativen denn unter solchen Umständen anderes übrig, als schon einmal den Nadelstreif nachdenklich ins Auge zu fassen? Eine solche Situation musste schlichtere Gemüter natürlich verwirren und so gab es Grenzgänger zu bestaunen, die im Bemühen, modisch aktuell zu sein, unten Turnschuhe und oben Trachtenhut trugen. Aber damit ist es ja auch schon wieder aus: Seit wir locker und gehorsam auf die Freizeitgesellschaft zustrampeln, erobert Freizeitmode den Alltag. Der schon widerwillig beschriebene Jogging-Anzug gibt dem Einkauf im Supermarkt ganz einfach einen unwiderstehlich schicken Anstrich (oder sollte ich „Touch" schreiben?) allgegenwärtiger Sportlichkeit. Grellbunte Fahrradhelme *peppen* lauschige Wirtshausgärten auf (man verzeihe mir die Ausdrucksweise, aber sie ist so hässlich wie die ihr entsprechende Optik), und wer meint, dass Hallen so heilig sein könnten, dass man in ihnen die Radlerhose nicht kennt, ist schief gewickelt. Modische Geschmacksverirrungen können nicht mehr stattfinden, weil eine Verirrung, die zur Massenbewegung geworden ist, faktisch Recht hat. Wir sind demnach ein einig Volk von Sportlern (wenn wir nicht gerade *chillen*) oder sehen zumindest so aus, und das macht den Abschied von der Verbindlichkeit menschlichen Zusammenlebens einmal mehr umso leichter. Dennoch brauchen wir uns nicht vor Orientierungslosigkeit zu fürchten. In grauer Vorzeit waren es Obrigkeiten aller Art, aber auch gütige Gurus, hellsichtige Propheten oder von Sturm umwehte Gipfelheilige, die – nicht selten gegen Honorar – über den wahren Weg der Erkenntnis Auskunft gaben. Heute genügt ein Blick aufs Label (das ist eine Marke, die sich ihrer altmodischen Wort-Vergangenheit schämt) und schon ist alles klar. Wer sich den Kult um das Label nicht leisten kann, ist irgendwie peinlich, und wer sich ihm verweigert, findet sich verdutzt in der durchgestylten Community jener wieder, die längst dabei sind, aus der Verweigerung des Labels ein Label zu machen. Ich selbst sehe mich völlig frei von solchen Zwängen. Wäre doch gelacht, wenn ich es zuließe, dass aus meiner störrisch selbstbestimmten Lebensweise fremdbestimmter Lifestyle wird. Aber über meinen *iMac* von Apple lasse ich nichts kommen, auch nicht über das *iBook* und den *iPod touch*. Und ich weiß zwar nicht so recht, wozu ich das *iPad* verwenden könnte, aber haben will ich es eigentlich schon.

Anderseits konnte ich mich neulich mutig und energisch gegen meine fortschreitende Digitalisierung stemmen, indem ich mir als fassbaren und begreiflichen Ersatz für das entsprechende Computerprogramm eine riesige mechanische Stoppuhr aus der Frühzeit der industriellen Revolution zugelegt habe.

Damit beweise ich so nebenbei, dass mein fataler Hang zum Erwerb alter Taschenuhren durchaus mit einem energischen „Stopp!“ zu bändigen ist.
Habe ich übrigens schon erwähnt, dass ich ein unverschämt reicher Sack bin? Meine Bank ist zwar ganz anderer Meinung, aber was von Banken und ihrer Weltsicht zu halten ist, weiß man ja inzwischen zur Genüge. Ich bin Eigentümer eines Nussbaumschattens, einer Presshauskühle und eines Kellerdunkels. Das ist viel, sehr viel. Und so bin ich reich geworden, damals, vor etwa dreißig Jahren: Eine meiner zahlreichen und ziellosen Stadtfluchten hatte mich über die Donau getragen und weiter nach Norden zu, ins Hügelland. Es war keine Landschaft mit Hügeln, die Hügel waren die Landschaft: weich gerundete Buckel, träge Wogen, ein sich Heben und Senken, Bewegung, die offenbar nur für den Augenblick innehielt. Da war ich also verloren zwischen Horizont und Horizont, unter einem hochmütigen Himmel, und ich war in der Fremde. Kaum noch denkbar, dass es Wien überhaupt gab, geschweige denn in erreichbarer Nähe. Die langgezogenen Straßendörfer waren mir fremd und die Kellergassen, die Dörfer neben dem Dorf, gaben mir erst recht Rätsel auf. Wohnten dort die ganz armen Leute? Ausgestoßene, Ausgegrenzte?
Kaum zwei Jahre später gehörte mir ein Presshaus

mit mürbe bröckelnden Mauern, einem maroden Dachstuhl – Holzwurm inklusive – und ich hatte mehr Schulden als je zuvor.
Ich bin kein Weinbauer. Für mich ist dieses kleine Gebäude mit dem Keller darunter und den Reben ringsum so wertvoll, weil es nicht nützlich sein muss, doch schön sein darf, angenehm und vertraut. Es geht aber auch um die Geborgenheit in einer alten Welt, gefügt aus Arbeit, Wein und schwermütigem Leichtsinn. Das bisschen Gegenwart hat hier wenig zu bedeuten, und irgendeine Zukunft wird schon kommen. Der klobige Schlüssel, Riegel und Schlösser handgeschmiedet, der abgetretene Ziegelboden, die hölzerne Weinpresse, kühles Halbdunkel und ein Geruch, der an alte Wirtshäuser gemahnt, aber auch etwas Feierliches hat … da werden die Schritte langsamer, die Gedanken fallen aus der Zeit und bleiben irgendwo liegen. Die Kellertür dann, Ziegelstufen, eine geräumige Unterwelt endlich, eine langgestreckte, vielfach verzweigte Höhle im Löss. Der leichte Flugsand ist hier unten so dicht gepresst, dass er weite Gewölbe trägt. Namen sind eingeritzt oder sorgsam graviert. Neben einem steht die Jahreszahl 1802. Wird wohl der Pfarrer gewesen sein oder der Lehrer. Wer konnte schon schreiben damals, auf dem Lande? Und da, ein „Norbert“ in akkuratem Kurrent und auch noch

in Spiegelschrift. In einer dunkel verschatteten Nische haben tschechische Musiker ihre Namen eingetragen. Darunter steht „1987“ zu lesen und „Hoffnung auf gemeinsames Gebet“. Es hat geholfen, wie wir wissen. Und die zwei hier, „Gudrun und Heiner“, herzumschlungen, sind schon lange geschieden. Ein Grüner Veltliner vom Himmelbauer aus Untermarkersdorf kommt mit nach oben. Vor dem Presshaus räkeln sich Weingärten im rötlichen Licht des späten Tages. Der Nussbaum neben der Tür ist in die Jahre gekommen, aber noch steht er da, eine mächtige Krone über dem hinfälligen Stamm, und Jahr für Jahr trägt er Nüsse. Um die Mittagszeit hat er mir noch Schatten gegeben, jetzt scheint die Abendsonne in meine Augen ohne zu blenden, schickt ihr Licht durch die offene Presshaustür, lässt die Kellerstiege leuchten und versickert tieferwärts. Wenig später ist es dunkel. Dörfer und Kellergassen zeichnen filigrane Lichterketten in die Nacht. Oben, unter dem Dach, wartet ein Bett auf mich, aber es wird noch lange warten. Der Wein schmeckt nach Sonne, nach unerlässlichen Sünden und nach gebotenen Begierden. Die Stille gibt ein Ständchen.
Ganz weit weg, in der Stadt, da *chillen* sie. Muss irgendeine Krankheit sein.

Die Masse ist schuld oder wie?

Gesehen hat sie noch niemand, kein Mensch will zu ihr gehören, aber breit ist sie, die Masse. Das sieht ihr wieder einmal ähnlich. Doch so ist sie eben, und eine schmale Masse hätte ja schon wieder etwas Elitäres. Die breite Masse zeichnet sich durch ihren schlechten Geschmack und andere üble Eigenschaften aus und dieser Umstand zwingt an sich qualitätsbewusste Medienleute und Kulturschaffende angeblich dazu, ihre Lichter scheu unter den Scheffel zu stellen. Allabendlich, wenn die Stunde der *Primetime* schlägt, umwabert die breite Masse gespenstisch die Bildschirme, will erregt, verführt und belogen werden. Die Masse liebt es grell, laut und widerwärtig. Dem gehorchen die Medien, weil sie ja sonst keine Massenmedien wären. Aber sie tun es ohnehin unter schweren Seufzern, mit schlechtem Gewissen und mühsam hinuntergewürgtem Ekel. Wer von Berufs oder der Berufung wegen die Masse befriedigen muss, kommt eben nicht umhin, sich zum massenweise gewünschten Tiefpunkt zu erniedrigen, traurig, traurig. Da übt sich fein ziselierter Intellekt in Vertrottelung, verliert sich das scharf geschnittene Profil in öder Banalität und verlischt funkelnder Witz in matter Humorigkeit. Dabei könnte alles ganz anders sein. Vom

Diktat der Masse erlöst, wäre Daniel Kübelböck ganz bestimmt ein scheu bewunderter Countertenor, Florian Silbereisen bei ARTE Kultur, Dieter Bohlen im Club of Rome, Heidi Klum im selbst gewählten Exil, DJ Ötzi beim Concentus Musicus und Jeannine Schiller zitierte unter Ausschluss der Öffentlichkeit aus dem Wittgenstein'schen *Tractatus.* Öffentlich-rechtliche Sendeanstalten würden sich wohlig erregt in bedingungsloser Ausschließlichkeit und Treue ihrem Kulturauftrag hingeben, die Privaten hätten ohne Unterlass lustvolle Höhepunkte brillanter Unterhaltung, edelster Ästhetik und gediegenster Qualität zu feiern, Intendanten, Verleger, Redakteure und Veranstalter fänden tiefe Befriedigung im ritterlichen Wettstreit um das Gute, Wahre und Schöne. So aber schiebt die breite Masse diese Bedauernswerten vor sich her und zwingt ihre Talente nieder. Erst im Schutze der späten Nacht, wenn die Masse schläft, darf es von hohlwangigen Rufern in der Wüste gewagt werden, einsam und diskret gegen das gräuliche Massen-Diktat zu verstoßen.

Die Masse ist groß, die Masse ist mächtig, die Masse ist überall. Sie ist gestaltlos und namenlos. Die Masse verrät nicht, wer zu ihr gehört. Und jene, die zu ihr gehören, werden sich davor hüten, es zuzugeben. Zählt man hingegen alle zusammen, die es entrüstet von sich weisen, mit der breiten Masse auch nur irgendetwas gemeinsam zu haben, stellt diese stilsichere, schönheitsdurstige und qualitätsbewusste Gruppe erstaunlicherweise eine Mehrheit dar, die der Gesamtheit verdächtig nahekommt. Demnach wäre die breite Masse gar nicht breit, sondern eine verschwindend kleine Minderheit, ein Widerspruch in sich.

Wie misst man sie aber, die Masse? Es gibt keinen Maßstab. Nicht einmal der Umstand, dass schamloser Schwachsinn nicht immer, aber immer öfter hohe Quoten oder Auflagen bringt, lässt auf ihre Ausdehnung schließen. Man (frau) schaut ja nur zu, um Argumente für vernichtende Kritik zu sammeln, um im Bild zu sein – was immer das bedeuten mag –, um Phänomene soziokultureller Banalität zu erforschen, um sich wieder einmal so richtig schön zu ärgern oder weil einem weltoffenen Geist nichts Menschliches fremd sein sollte. Eine Ausrede ist immer zur Hand und die Banausen sind jedenfalls und jederzeit die anderen. Die in der Masse nämlich. Und die Masse will den schlechten Geschmack, den vorlauten Lärm, die hohle Selbstanpreisung, die unentrinnbare Beschallung, Berieselung und Bebilderung. Für jene mit dem guten Geschmack, mit der angenehmen Lautstärke, der maßvollen Selbsteinschätzung und dem gut sortieren Angebot wär's aber andererseits gar nicht so vorteilhaft, wenn es die Masse nicht gäbe. Nur sie bietet nämlich jene Tiefebene, auf der alles, was sich nur einigermaßen abhebt, im Lichte der untergehenden Kultursonne einen respektablen Schatten wirft. Die Existenz der Masse mit ihren vulgären Wünschen darf einfach nicht geleugnet werden, weil sonst die Sinnhaftigkeit ihrer kultivierten Gegenwelt gefährdet wäre. Dieses überzeugend ausgewogene Konstrukt ist allerdings leicht aus dem Gleichgewicht zu bringen. Es kommt nämlich durchaus vor, dass auch Gediegenes massentauglich ist. Das geschieht immer dann, wenn sich seine Erfinder und Produzenten die Mühe machen, Billy Wilders elftes Gebot zu beherzigen: Du sollst nicht langweilen. Wenn sie darüber hinaus Pathos durch Überzeugungskraft ersetzen, Klugscheißerei durch den verständlichen Gebrauch des Verstandes und vordergründige Effekte durch sinnliche Tiefenwirkung, braucht sich niemand zu genieren, ob Anbieter, ob Konsument.

Könnte es nicht sein, dass die Erfinder der Masse und deren schlechten Geschmacks nur zu faul, zu habgierig oder einfach zu blöd dafür sind, annehmbare Qualität herzuzeigen? Sie klagen über Zwänge und kaschieren damit Unfähigkeit, sie verteilen Zensuren, um die eigenen schlechten Zeugnisse nicht präsentieren zu müssen, sie bieten Mist an, weil ihnen nichts Besseres einfällt. Bei ihren trostlosen

Fischzügen geht es um den Fang von Mehrheiten, von Quoten, so effizient und so billig wie möglich. Darum fischen sie mit riesigen Schleppnetzen, mit Licht und Dynamit. Darum dezimieren sie die Vielfalt, rotten Gattungen aus und gefährden letztlich ihre eigene Zukunft. Sie sind aber unschuldig. Die Beute ist schuld, weil sie sich fangen lässt, und dann macht sie auch noch den armen Fischern Angst und setzt sie unter Druck.

Nein, sage ich, nein. Es gibt sie nicht, die breite Masse mit dem schlechten Geschmack und so weiter. Aber eine mit verwirrtem, marktgerecht konditioniertem Geschmack könnte es bald einmal geben. Wer zum Beispiel lange genug Lebensmittel mit künstlichen Aromen und Geschmacksverstärkern gegessen hat, wird alles Natürliche als langweilig, wenn nicht gar als geschmacklos wahrnehmen. Wer lange genug den Marktschreiern zuhört, wird ihr Geschrei irgendwann als normale Lautstärke empfinden und leise Töne nicht mehr hören, wer lange genug mit grellen Farben und überzeichneten Konturen lebt, wird nur noch von gefälschten oder gestellten Bildern zu beeindrucken sein, und wer sich nach und nach daran gewöhnt hat, dass sich die Bedeutung von Menschen, Dingen und Ereignissen aus ihrem Marktwert ergibt, der wiederum eine Folge der Präsenz in den Medien ist, wird sich bald keine Gedanken mehr über innere Werte machen. Sind dann endlich alle mit der billigen Massenware versöhnt, vielleicht sogar irgendwie süchtig danach, haben jene gewonnen, die ja schon immer gewusst haben, dass es das blöde Volk nicht anders will.

Dabei wäre alles so einfach, brächten wir es fertig, uns selbst, die anderen, die Kultur und die Unkultur etwas entspannter zu sehen. Einen genialen Brückenschlag zwischen entrüsteter Ablehnung und widerwilliger Anerkennung habe ich Friedrich Luft zu verdanken, dem schon lange verstorbenen Berliner Theaterkritiker. Er schrieb über ein an sich dummes, aber doch auch unterhaltsames Theaterstück: „Ich habe gelacht. Aber weit unter meinem Niveau!"

Warum sich nicht heiter eingestehen, dass auch Minderwertiges sehr viel Spaß machen kann? Lähmend ist es nur, die Vorlieben einzuebnen, auf welchem Niveau auch immer. Wer die Stille mag, wird es so zwischendurch vielleicht auch einmal sehr laut mögen, weil dann leises Innehalten noch schöner ist. Ruhig atmende Bedächtigkeit kann durch atemlose Eile dann und wann nur an Qualität gewinnen, sogar Langeweile wirkt wohltuend balsamisch, wenn sie sich sanft verbindend zwischen scharfkantige Zeitsplitter schiebt. Wer sich mit

Trivialem schamlos, aber keineswegs naiv amüsiert, wird auch ungeniert Hunger nach höheren Genüssen haben. Überdies ist der vergnügte, spielerische Umgang mit aufdringlicher Vordergründigkeit durchaus dazu geeignet, den Sinn für stilsichere Zurückhaltung und fürs rechte Maß zu schärfen. Wenn also viele vielerlei mögen und verlangen, wird die Masse zwar breit sein, aber bunt und vielschichtig. Vor allem aber wird sie sich nur mit einem ihr entsprechenden Angebot zufrieden geben, einem bunten, vielschichtigen nämlich, weit und breit, hoch und tief.

Die Fertigkeit oder gar Kunst, Vielfalt ohne Berührungsängste zu leben, manifestiert sich auch im Kleinen, dort womöglich noch deutlicher ausgeprägt. Ein für mich ebenso eindrucksvolles wie unterhaltsames Beispiel stellt die Auswahl der Wandkalender in der Wohnung einer meiner zahllosen Freundinnen dar. Allen gemeinsam ist (den Kalendern, nicht den Freundinnen), dass sie schon einige Jahre alt sind, also von gestern, es also mit Wochentagen und Monaten nicht mehr so genau nehmen, es irgendwann aber doch wieder tun werden, weil sich ja alles wiederholt. Wir begeben uns erst einmal in die Küche: Dort hängen glückliche Schweine. Zwei sind mir in Erinnerung geblieben: ein schwarzes, das tänzelnden Hufes eine Sommerwiese beschreitet und mit dem Gesichtsausdruck einer Lady beim „Five o'Clock Tea" very, very british an einer Löwenzahnblüte schnuppert. Dann gibt es noch zwei frühlingshaft bewegte Borstentiere, die mit geschlossenen Äuglein ihre rosa Rüssel heftig und inbrünstig aneinander reiben, dieweil im Hintergrund Schäfchenwolken neckisch den blitzblauen Himmel zieren. Einer der beiden Kalender im Vorzimmer ist in Wort und Bild Helmut Qualtinger gewidmet. Was hat sich mir eingeprägt? Na ja, Qualtinger der Autor natürlich, mit dem Verleger Ulrich Schulenburg. Dazu der Text (Qualtinger): „Sehen Sie mich arbeiten? Ah … ich mein' natürlich schon – manchmal. Aber nicht in einem fort, nicht wahr? Schließlich, der Mensch ist doch nur ein Mensch und keine Schreibmaschine." Und dann noch ein grimmig, aber nicht lustlos resignierender Quasi, den ich von Zeit zu Zeit nachvollziehen kann: „Wenn ich z'Haus' komm, geh ich immer zum Kalender, reiß a Blattl obe und denk mir, wieder ein Scheißtag vorbei." Gegenüber hängt ein Kalender, der sein Entstehen dem wundersam verschrobenen „Nonseum" in Herrenbaumgarten verdankt, einer Sammlung fraglos unnützer Erfindungen, denen aber eine tiefe, wenn auch mitunter geheimnisvolle Sinnhaftigkeit innewohnt. Die Monatsblätter sind übrigens nach dem Alphabet gereiht, was ja einer gewissen Logik nicht entbehrt. Auf dem Septemberblatt, wenn ich mich recht entsinne, saugt ein greiser Landwirt an einem Pfeifchen, dessen Mundstück als Schnuller ausgeführt ist. Dazu gehört der unbestreitbar weise Text: „Rauchen für Anfänger. Alle reden vom Aufhören. Aber erst muss man lernen, überhaupt anzufangen.“ Und dann gibt es noch eine Erfindung, die ich mir gemerkt habe, weil sie meinem musikalischen Talent so sehr entgegenkommt: eine Trompete mit Fadenkreuz – zum besseren Treffen der Töne.

Der Frau mit den Kalendern werden einige Bezeichnungen gerecht. „Breite Masse“ gehört aber nicht dazu.

Erst wann's aus wird sein

Ich war mit dreißig relativ jung und ziemlich alt. Mit fünfundsechzig bin ich, subjektiv betrachtet, relativ alt und ziemlich jung. Meine frühen Radio-Geschichten mag ich noch heute und einige der neueren Texte wären mir auch schon damals nicht fremd gewesen. Mein berufliches und persönliches Selbstverständnis hat sich also nicht wesentlich geändert, das Bild im Spiegel natürlich schon. Dennoch darf ich mit dem – laut Lexikon – „letzten Lebensabschnitt vor dem hohen Greisenalter" zufrieden sein. Dazu war allerdings viel Ausdauer und jede Menge Glück vonnöten. Die Existenz eines freiberuflichen Schriftstellers ist der eines Seiltänzers ohne Netz verdammt ähnlich, und zuweilen fehlt auch noch das Seil. Andererseits: Manager werden müde und schäbig, Autoren werden würdig und schmücken sich mit Patina. Die Lebensmitte hingegen ist für unsereinen viel problematischer als das Alter: An einer der vielen verbalen Angeln, die in den vergangenen Jahrzehnten von mir ins Wasser getaucht wurden, zupft ja doch immer wieder ein nahrhafter oder auch ehrender Fang. Ich kenne viele, die mit vierzig in schönen Chefbüros die schöne Aussicht über die Stadt und auf ihre berufliche Zukunft genossen haben und sich heute, frühzeitig pensioniert oder gar arbeitslos, der Bewältigung ihrer Freizeit widmen müssen. Mit vierzig lief ich, nach langen Beisl-Abenden riechend, jedem, aber auch wirklich jedem Auftrag hinterher, belächelt von den erfolgreich Etablierten. Heute bedränge ich sie lustvoll insistierend mit der Lektüre meiner Bücher. Kein Grund für billigen Triumph: Es war eben gerade noch rechtzeitig das Glück zur Stelle gewesen, und es hätte auch ganz anders kommen können, erbärmlich anders. Dann zählte ich heute, vorausgesetzt ich lebte noch, zu jenen Alten, die verspielt haben und denen kaum noch Kraft bleibt, das Blatt zu wenden, es sei denn, jemand käme, um dabei zu helfen. Reichtum an Erfahrungen kann erdrückend schwer sein. Doch es genügt auch schon, nach einem ereignisarmen Leben in einen ereignislosen Ruhestand gestoßen zu werden, wunschlos, ohne Neugierde und Fantasie, bar jeder Perspektive. Nicht wirklich zu bedauern, doch im Grunde genommen auch recht ärmlich, leben jene Alten, die mit ihrem Alter nicht zurecht kommen. Sie sorgen in Discos für rührende Pointen, machen es Verkäuferinnen in Herrenmode-Boutiquen schwer, bei der Anprobe ernst zu bleiben, und verstecken vor ihren im Sinne des Wortes atemberaubend jungen Frauen die Prostata-Tabletten. Ihr weibliches Gegenstück, wenn nicht geliftet, dann zugespachtelt, gewährt Einblicke, die keiner sehen will, und liest Kontaktanzeigen im *Falter.*

Alle anderen, die das rettende Ufer eines weitgehend sorgenfreien, lebenswerten und selbstbewussten Alters erreichen durften, haben es gut, machen es sich mehr oder weniger einfallsreich bequem oder brechen sogar zu neuen Ufern auf. Doch sie tun es nahezu unbemerkt, wenn sie nicht gerade Künstler, Seitenblicke-Hauptdarsteller oder Multimillionäre sind – beiderlei Geschlechts, versteht sich.

Fünfzig plus taugt allenfalls zum Thema von Lebenshilfe-Büchern. Darin lesen dann jene, die es ohnehin wissen, dass sie finanzstark, konsumfreudig und qualitätsbewusst sind, wenn nicht gar dem Luxus hold. Sie sind bereit, in Lebensfreude zu investieren, wagen viel für neue Erfahrungen, haben Sex, revolutionäre Gedanken, unverschämte Träume und denken nicht daran, sich für die Lust an diesem und jenem zu genieren. Das lesen sie also, die grauen Wölfinnen und Wölfe, nicken zustimmend, doch kaum jemand liest mit.

Wir schwimmen nicht im *Mainstream,* die *Primetime* ist nicht unsere Zeit. Jene, für die das Ende näher ist als der Anfang, stehen, sitzen, liegen, bewegen sich am Rande. So wie das Ausgedinge in bäuerlichen Familien zusehends an Bedeutung verliert, gewinnt es in der übrigen Gesellschaft unter anderen Bezeichnungen an Gewicht. Der bis hin zur Infantilität und solange es nur irgendwie geht jugendlichen Spaßgesellschaft werden betuliche Grüppchen hinzugefügt, in denen die herzigen *Oldies* dann auf Reisen gehen oder Veranstaltungen aller Art, meist belehrender oder erhebender Natur, besuchen, jeweils fein unter ihresgleichen. Zum Lohn dürfen sie Seniorenrabatte entgegennehmen oder auch einmal Einzelzimmer ohne Strafgebühr bewohnen. Hauptsache ist, dass die nicht mehr ganz so Jungen in den ihnen zugewiesenen Reservaten bleiben. Diese zwangsweise Unterbringung in der weder gewünschten noch benötigten Gruppe findet ihr Gegenstück übrigens in der unauffälligen Verwahrung von Kleinkindern, die ja doch nur beim *Shoppen* oder *Skaten* stören würden, beim *Meeting*, beim *Date* – eigentlich immer und überall.

Doch halt, es gibt Ausnahmen. Natürlich zielt die Werbung da und dort auch auf sportliche Großmütter und braun gebrannte Opas. Doch meist geht es dabei nicht darum, ihnen Lust aufs Leben und Genießen zu machen, sondern um die nachdrücklich mahnende Anregung, ausreichende Mittel für einen finanziell gesicherten und damit erfüllten Lebensabend anzuhäufen, bestens versorgt mit betäubenden oder stärkenden Arzneien. Natürlich werden für die nicht nur im ideellen Sinne reich gewordenen

Alten auch durchaus attraktive Produkte angeboten: raubtierförmige Autos als Ersatz für die schwindende Libido oder weihevolle Edelkarossen, auf halbem Wege zwischen rollendem Salon und mobilem Luxussarg. Je hinfälliger der Leib ist, desto feiner sind die Stoffe, die ihn umhüllen, je mehr der Körper dem jugendlichen Ebenmaß entwächst, desto aufwändiger wird geschneidert. Der Verdacht lässt sich nicht ganz beiseite schieben, dass derlei Produkte zwar begehrenswert sind, aber doch auch eine gute Portion Zynismus transportieren. Nicht Wünsche werden befriedigt, sondern die Kompensation von echten oder behaupteten Mängeln lockt zum Griff in die Geldtasche.

Natürlich nimmt sich auch die Unterhaltungsindustrie des Themas an und meist sind es Sänger und Sängerinnen, die den längst überschrittenen eigenen Zenit tapfer verdrängen und von ausgeflippten Alten singen oder von Großmüttern, die sich fetzige Jünglinge unter den brüchigen Nagel reißen. Ich kenne, ein paar Chansons ausgenommen, nur ein Beispiel aus der Popmusik, das sich ernsthaft und formal anspruchsvoll mit dem Themen Alter, Zuwendung und Liebe auseinandersetzt: „When I'm sixty four". Inzwischen gehören auch die Herren McCartney und Ringo Starr zu den Alten, John Lennon und George Harrison weilen bei den Vätern.

Am besten sind die Grauköpfe im Film vertreten. Aber auch dort tun sie gut daran, etwas Besonderes zu sein: einsam und verbittert, einsam und rachedurstig, einsam und schrullig, einsam und genial, einsam und weise – in idealer Kombination mit abgeklärt – oder zweisam und skurril.
Ein Anrecht auf selbstbestimmtes Leben individueller Prägung, das auch noch respektvolle Beachtung findet, haben jenseits der Fünfzig meist nur Prominente oder Außenseiter. Die Übrigen werden einfach älter und somit weniger wichtig und weniger interessant. Andererseits wird das Alter schöngelogen, dass sich die Balken biegen. Was ein angeblich so kostbarer Schatz an Erfahrungen, Kenntnissen und Fertigkeiten wert ist, erkennen Fachkräfte aller Art, wenn sie trotz lebenslangen Lernens plötzlich freigestellt sind. Elder Statesmen jeglicher Couleur werden nicht zu allseits geachteten oder geehrten Ratgebern, sondern erlangen bestenfalls präsidialen und damit fast ausschließlich repräsentativen Ruhm oder dürfen sich milde belächelt im parteilichen Vereinsleben ein ganz klein wenig wichtig machen. Bedeutend sind sie dann wieder an runden Geburtstagen und in den Grabreden. Großmütter und Großväter, geschweige denn Schwiegereltern, sind keineswegs dazu berufen, mit verhaltener Gebärde und Lebensweisheit in homöo-

pathischen Dosen am Geschick ihrer Familie teilzuhaben. Nur der vorübergehende Nutzen als Haushaltshilfe und Kinderbewahrer macht sie für eine Weile mäßig attraktiv. Auch der Genuss des angeblich wohlverdienten Ruhestandes erweist sich häufig als zunehmend mühsamer Kampf gegen die Langeweile, der bald in Resignation und Lethargie mündet. Süßes Nichtstun nach saurer Arbeit funktioniert einfach nicht, weil das Arbeitsleben auch viele schöne und spannende Aspekte hat und das Nichtstun auch viele frustrierende, sinnlose. Den Alterslügen stehen nicht wenige Alterswahrheiten gegenüber. Besonders unangenehm: Nicht nur der Körper ist abgenutzt, auch der Intellekt. Im günstigsten Fall kann es gelingen, diesen Mangel durch emsige Übung, vor allem aber durch den zunehmend geschickteren und auch listenreicheren Umgang mit schwindenden geistigen Rohstoffen einigermaßen wettzumachen.

Und dann gibt es diesen feinen Schleier, der sich schon in mittleren Jahren über jegliches Empfinden legt, erst, um unerträglichen Schmerz oder verzehrendes Glück vorsichtig zu mildern, dann, dichter geworden, um emotionalen Überschwang in Vernunft zu verwandeln. Später wird der Schleier zu einer Trennwand aus Milchglas, hinter der sich nur noch erahnen lässt, was uns niederschmettern, aufwühlen, mitreißen oder umwerfen könnte. Natürlich lässt sich diese Wand durchbrechen, aber die Scherben sind gefährlich scharf und ob die vielen nunmehr befreiten Engel und Teufel zu ertragen sein werden, ist schwer zu sagen.

Ich wage auch zu behaupten, dass es sehr wenige glückliche alte Paare gibt. Viele geduldige, duldsame, die es gelernt haben, miteinander umzugehen, das ja. Aber zärtliche, neugierige Paare, immer noch hungrig nach Glück und neuen Erfahrungen? Alter reduziert Leben, Innenleben wie Außenleben. Alter macht nicht weise und tolerant, sondern eigensinnig, streitbar, starrsinnig, besserwisserisch. Schlechte Eigenschaften bekommen im Alter schärfere Konturen. Gute Eigenschaften verkommen zur Attitüde. Klar, dass es eindrucksvolle Ausnahmen gibt. Sie fallen auf, weil sie so selten sind. Helmut A. Gansterer, auch so ein Alter, schreibt in seinem bemerkenswerten Buch *Das Lernen. Der Geist. Die Siege.* einen tröstlichen Satz: „Anspruchsvoll und schöpferisch zu leben ist vielleicht das einzige Mittel, mit dem Phänomen ZEIT zu Rande zu kommen. Die Chinesen glauben gar, man könne damit die Todesfurcht besiegen.“ Anschließend zitiert er Anselm Feuerbach: „Jetzt, mit 70 Jahren, begreife ich, dass nur die schöpferischen Momente wirklich zählten. Alles Andere war Beiwerk.“

Das bringt mich auf die Freude an meinem kreativen Beruf, trotz aller Schinderei, trotz der immer währenden Angst zu versagen und steter Zweifel am Wert des Geschriebenen. Ich habe die beneidenswerte Möglichkeit, mein Leben aus mir heraus zu gestalten und damit auch noch mein Auskommen zu finden.

Unter den vielen Glücksfällen, die mein Unglück stets ein wenig überwogen, war die Bekanntschaft, ja vorsichtige Freundschaft mit dem schon respektvoll erwähnten Hans Weigel. Eines Herbsttages stand er in Maria Enzersdorf vor mir, blinzelte durch zwei übereinander geschobene Brillen und sprach: „Die Gläser sind beschlagen. Ich kann Sie nicht gut sehen. Aber noch hässlicher als ich können Sie nicht sein." Zwei Jahre später trat ich dann, wie oft zuvor, in sein Arbeitszimmer. Er saß an der Schreibmaschine, wendete sich mir zu und sagte den letzten Satz, den ich von ihm hören sollte: „Ich fange eben mein neues Buch an. Fertig wird es nicht mehr werden." Was für ein schöner Satz, welch schöner Beruf.

Zugegeben: Die Möglichkeiten, sich mit einem schöpferischen Beruf die Existenz auf Dauer zu sichern, sind rar. Aber die Möglichkeiten, kreativ mit seinem Beruf, mit der Zeit nach dem Beruf, mit sich selbst, mit seinen Mitmenschen umzugehen, sind für alle intakt. Mehr noch: Wenn das zunehmende Alter vieles fortnimmt, entstehen Leerräume, die auch als Freiräume zu begreifen sind, Freiräume für nunmehr ungehinderte, ungehemmte Kreativität, die überdies auch noch vom Diktat der einträglichen Nutzanwendung befreit ist. Es ist denkbar mühsam, die Zeit totzuschlagen, doch es bereitet sehr viel mehr Lust, sie im Augenblick der Schöpfung zu negieren. Solche Augenblicke fallen nicht wie reife Äpfel vom Baum, sie wollen errungen, erträumt, erspielt, erkämpft, gestohlen, ersehnt werden, immer wieder aufs Neue. Das Ergebnis: machtvolle Lust, reiche Lust, zeitlose Lust, neue alte Lust.

Lebens-Zeit

Ich habe versprochen, von meinem Bruder zu erzählen. Das tue ich hiermit, weil er ein beachtenswerter Mensch ist und weil er im Gegensatz zu mir einen gediegenen und pflichtbewussten Charakter hat. Darum hat er es auch vor vielen Jahren auf sich genommen, in die Brennstoffhandlung unseres mütterlichen Großvaters, als spätere Nachfolge einzutreten. Irgendjemand musste es ja tun. Das bedeutete schwere, schmutzige Arbeit, die überdies nicht gerade einträglich war. Aber es gab auch die anregende Notwendigkeit, sich mit urtümlicher Technik zu befassen, mit seltsamen Maschinen und einem sehr altmodischen Fuhrpark. Wenn es darum ging, war zwischen den beiden nicht nur vom Alter her denkbar unterschiedlichen Männern nichts Trennendes, mehr noch, sie wurden zu Komplizen. Damals, Ende der 1950er Jahre, erwies sich zum Beispiel ein Lastkraftwagen der Marke „Krupp" als ausgesprochen unpraktisch: Er war riesig groß, gewaltig stark und entsprechend kostspielig. Aber es musste doch möglich sein, dieses Ungetüm einer akzeptablen Nutzanwendung zuzuführen. Dem gemeinsamen Denkprozess folgte eine kühne Entscheidung: bedachtsame Langsamkeit statt gewalttätigem Vorwärtsdrang, eine Metamorphose vom Lastkraftwagen zum rollenden Lastenträger, der aber kein Auto mehr war. Die technische Umsetzung dieser Idee war allerdings so gut wie unmöglich. Davon eher angespornt als entmutigt, gingen die beiden Herren höchst animiert und mit unverdrossener Tatkraft ans Werk. Sie bauten erst einmal einen Kran, tragfähig genug, um das an die fünfhundert Kilo schwere Diesel-Aggregat aus dem Gehäuse zu hieven. Dann fanden sie in ihrem gut sortierten Lager einen 1909 typisierten Motor der Marke Puch und schraubten ihn irgendwie und irgendwo im Motorraum fest, der eigentlich eine Motorhalle war. Damit aber die erwünschte und erlaubte Höchstgeschwindigkeit von neun Stundenkilometern erreicht, jedoch nicht überschritten werden konnte, war ein zweites Getriebe vonnöten. Natürlich fand sich ein solches. Allerdings fehlte ein ganz wesentliches Element, eine flexible Kraftübertragung zwischen Bauteilen, die an sich nicht zusammenpassten. Dafür wurde eine Konstruktion aus vielen akkurat gesägten Metallblättern erdacht und gebaut. Der entschleunigte Krupp funktionierte dann tatsächlich und bewegte sich fortan verhalten schnurrend und sehr gemächlich durch die Gegend. Die Geschwindigkeit spielte auf dem kurzen Weg zwischen Bahnhof und Lager keine Rolle und Holzblöcke in der Federung sorgten für eine schier unbegrenzte

Tragfähigkeit. Vor allem aber war der ehemalige Lastkraftwagen kein Auto im Sinne des Gesetzgebers mehr, brauchte also kein polizeiliches Kennzeichen, Steuer und Versicherung waren Vergangenheit. Der Verzicht auf teuer bezahlte Beschleunigung hatte der Größe des Fahrzeuges einen neuen Inhalt gegeben, und der Autofriedhof war in weite Ferne gerückt.

Derartige Projekte, mit denen es gelang, berufliche Notwendigkeiten mit technischen Lustbarkeiten zu verbinden, waren allerdings rar. Erst als mein Bruder an die fünf Jahrzehnte später das Unternehmen mit seiner Pensionierung frohlockend liquidiert hatte, konnte er darangehen, seinen eigentlichen Vorlieben mehr Raum zu geben. Allerdings ist ihm Vergnügen, das nur um seiner selbst willen genossen wird, nach wie vor verdächtig. Also lernt er Latein, um nachzuholen, was er schon immer hatte lernen wollen, reist, um sich zu bilden, liest, um Wissen anzuhäufen, und hält archaische Reste seiner ererbten Maschinenwelt in Gang – alles aber nur unter der Voraussetzung, dass es auch einen nachvollziehbaren Nutzen bringt. In letzter Zeit beobachte ich jedoch einen gewissen Hang zu kontemplativer Lustempfindung, die sich behutsam, aber doch von der damit verbundenen Sinnhaftigkeit löst. Neuerdings steuert er seine Tatorte mit einem winzigen Schaufelbagger an und erreicht dabei Geschwindigkeiten bis zu zwei Stundenkilometern. Erst einmal angekommen, gräbt er riesige Wurzelstöcke aus, die er dann mit Ketten, Seilen und Flaschenzügen ans Licht zerrt, und so schafft er geräumige Gruben und Gräben für Bäume und Büsche. Natürlich geschieht dies alles zum Zwecke der Verschönerung und Begrünung. Aber wenn ich ihn so betrachte, wie er in seiner Bagger-Kabine sitzt, ganz eins geworden mit Hebeln, Hydraulik und Schaufel, im edlen, innigen Wettstreit mit zähem Holz und steinigem Boden … ich kann seine Frau verstehen, wenn sie in letzter Zeit ein ganz klein wenig eifersüchtig ist. Jedenfalls gelingt es meinem Bruder immer besser, dem Postulat des Wirtschaftspädagogen und Zeitforschers Karlheinz A. Geißler nachzukommen, nämlich die Zeit der Uhren und die Zeit des Lebens in Einklang zu bringen – obwohl oder gerade weil er viel zu tun hat in seiner angeblichen Mußezeit. Außerdem lässt er immer häufiger bleiben, was er nicht gerne tut. Dieses selbst bestimmte Tun und Lassen muss man sich natürlich erst einmal leisten können – muss man wirklich? Im Gegensatz zu meinem Bruder war ich schon immer mit ausreichend Leichtsinn und Durchtriebenheit ausgestattet und bin daher prinzipiell dazu geneigt, eher dem Lustprinzip zu folgen als der reinen Vernunft. Oder, anders herum: Ich will, dass es mir gut geht, und ich möchte Ärger und Kränkung vermeiden – auch um einen hohen Preis. In den meisten Fällen habe ich damit sogar Recht behalten. Ohne energischen Bruch mit meinem wichtigsten Auftraggeber im ORF hätte ich es nie gelernt, auf eigenen Füßen durchs Berufsleben zu gehen. Ohne Kündigung einer wohl dotierten, aber unerfreulichen Pfründe als Werbeleiter hätte ich nie mehr so richtig in mein Dasein als Schriftsteller zurückgefunden. Noch ein Beispiel: Jahrelang habe ich regelmäßig den Österreich-Teil im Magazin *GEO* geschrieben, und damit waren mit schöner Verlässlichkeit die Fixkosten meines Daseins gesichert. Als ich freiwillig aufgehört hatte, weil es ja doch wenig Freude machte, unter dem Zwang vorgegebener Themen und Umfänge zu arbeiten, war ich leicht beunruhigt. Was würde folgen? Unregelmäßiges Einkommen mit dräuenden Durststrecken? Neue Abhängigkeiten? Eine durch schlechte Ernährung mürrisch gewordene Katze? Nichts da. Freiräume taten sich auf, in denen Ideen ganz prächtig gediehen, und weil ich nun nicht mehr Monat für Monat einige Tage lang fest gebunden blieb, war es möglich, ohne Unterbrechung in längeren Zeitbögen zu denken und zu arbeiten (oder zu faulenzen). Bald darauf ist dann folgerichtig mein erster Roman entstanden. Ja, und das Lustprinzip

… Jene Wiener Wohnung, in der ich heute vergnügt und geborgen bin, habe ich erworben, als mein Vermögen aus der vagen Hoffnung auf eine bessere Zukunft bestand. Ähnlich lief es ja auch mit einem meiner liebsten Schätze, Presshaus und Keller. Dabei bin ich kein Glücksritter und schon gar kein Draufgänger. Aber als tapferer Angsthase lässt es sich auch ganz gut leben. Natürlich sehe und spüre ich, was alles passieren könnte, ich tu's aber trotzdem. Es ist eben so, meine ich, dass alles, was leuchtet, einen dunklen Hintergrund braucht, um intensiv wahrgenommen zu werden. Zur Stille gehören nicht nur schöne Gedanken, sondern auch Ratlosigkeit und Angst, nie ist man verletzlicher als in Augenblicken großer Freude, und wer sich fallen lässt, kann auch hart aufprallen, tief unten. Prosaischer gesagt: Wer das Visier weit öffnet, um Sonne und Wind im Gesicht zu spüren, riskiert auch Ohrfeigen. Aber in der großen Bilanz über ein Leben hinweg zählt für mich eben das Helle, das Herz Erwärmende, und es dauert auch viel länger an als erreichte Zielvorgaben und abgehakte Termine, die nur im Augenblick wichtig sind.

Na klar, es kann schon auch ordentlich danebengehen, sich ohne große Bedenken auf vieles einzulassen. Aber die Alternative, sich vorsichtig, angepasst, termingerecht, rundum abgesichert, grau und unauffällig durchzuleben, damit nur ja nicht allzu viel passieren kann, ist wenig reizvoll. Auch die Taktik, Abgründiges, Aufregendes und Unwägbares schnell und konzentriert hinter sich zu bringen, damit es anschließend vernünftig weitergehen kann, gefällt mir gar nicht. Sogar die Tierwelt hält dafür abschreckende Exempel bereit. Die Brasilianische Wanderspinne zum Beispiel, so habe ich es zumindest im Radio gehört, beschränkt eingedenk der Risiken und dunklen Seiten des Sexuallebens das ihre auf eine einzige Stunde im Dasein. Ist sie gekommen, die Stunde, hält der Spinnerich in seiner Wanderung inne, besteigt (nein, noch nicht!) meist eine Bromelie und fängt an zu vibrieren. Solches verspürt ein Weibchen und kommt näher, um rasch einmal willens zu sein, aber auch, um bei dieser Gelegenheit dem Liebhaber ein Bein abzureißen oder ihn womöglich ganz zu verzehren. So kann das ja keinen Spaß machen. Kein Wunder, dass diese Spinnen zu den giftigsten der Welt zählen.

Schön langsam

Einmal im Jahr, zumeist im August, bricht im Weinviertler Dorf Hadres der Radwandertag aus. Tags zuvor schon sind die Funktionäre des Radwandervereines unterwegs, um mit kalkweißen Pfeilen auf dem Asphalt den Streckenverlauf zu markieren. Manchmal geht es erst durch eine Kellergasse hügelan und der Kreis schließt sich nach etwa dreißig Kilometern im ebenen Land, manchmal ist es umgekehrt. Andere Vereine errichten Labestellen, üppige Orte freudig angewandten Phäakentums, Inseln der Ruhe inmitten kollektiver Dynamik. Der sportliche Aspekt dieser Veranstaltung kommt nur sehr diskret zum Tragen, die Bedeutung für den Fremdenverkehr hält sich in Grenzen, aber das damit verbundene Vergnügen ist herzlich und gewaltig. Von Kindern im Vorschulalter bis hin zu Greisen, die nur deshalb so zäh in die Pedale treten, weil sie zu alt sind, um ihre Müdigkeit zu spüren, sind fast alle dabei, die hier wohnen, dazu noch ein paar Gäste von draußen. Steht die Stunde des Aufbruchs bevor, erhebe ich mich verhalten ächzend aus meiner Ruhestatt unter dem Presshausdach, versuche zu einem halbwegs menschenähnlichen Erscheinungsbild zu kommen und hole mein Fahrrad hervor, das gewöhnlich hinter der Weinpresse steht. Es ist ein Steyr Waffenrad, beste österreichische Wertarbeit und ein schwergewichtiger, schwarzer Dinosaurier, längst schon fremd geworden in der leicht- und vielgängigen neuen Welt der Bikes. Als ich ins Pulkautal gekommen bin, gehörten diese an sich ja unzerstörbaren Vehikel zum Erscheinungsbild der Dörfer, scharten sie sich vor dem Kaufhaus, dem Wirtshaus, der Kirche. Inzwischen nimmt manch greiser Weinbauer ein silbrig glänzendes Sportrad zur Hand, wenn er bedächtig dürstend die Kellergasse ansteuert. Was soll ich davon nur halten? Angesichts dieser gekrümmten Gestalten auf ihren schnittigen Rädern, die mit fahriger Hand in unzähligen Gängen wühlen, ist es mir schon lieber, mich in aufrechter Haltung durch die Welt zu bewegen, keinen Gang wählen zu müssen, weil mir nur einer zur Verfügung steht, und im Falle eines Bremsmanövers das heutzutage vor allem in Politikerkreisen völlig in Vergessenheit geratene Instrument des Rücktritts zu benutzen – dies auch noch in Verbindung mit einer Vorrichtung, die an energischem Zartgefühl kaum zu überbieten ist: Die Bremse für das Vorderrad drückt ein Stück Hartgummi auf das Profil des Reifens. Das ist schon etwas anderes als diese neumodische, zangenartige Umklammerung der Felge oder gar die peinlich wirkungsvolle Direktheit von Scheibenbremsen. Zur Feier des Tages bekommt mein Fahrrad reichlich feinstes Öl, geputzt wird es auch, damit das Urteil des Publikums gnädig ausfällt: Ein g'scheites Fahrrad kann er sich zwar nicht leisten, aber er schaut wenigstens darauf. So mache ich mich denn – arm, aber reinlich – auf den Weg zum Startplatz, bin schon müde, wenn ich endlich dort ankomme und wundere mich ein paar Stunden später jedes Mal aufs Neue darüber, dass ich doch wieder einmal ans Ziel gelangt bin, irgendwie halt. Prestige fördernd ist mein alter, inzwischen auch schon leicht angerosteter Weggefährte jedenfalls nicht. „Sie müssen schon auch einmal mit der Zeit gehen!", rief mir ein papageienbunter Radler zu, als ich bergan gemächlich neben dem Fahrrad einherschritt, während er mit dem Eifer eines Hamsters im Hamsterrad an mir vorbeistrampelte. „Die Zeit soll gefälligst mit mir gehen", war meine Antwort. Da sieht man es wieder: ein Hungerleider. Und arrogant auch noch. Seltsamerweise bin ich am Ziel gewöhnlich unter den Ersten, es muss dies irgendwie so ähnlich funktionieren wie in der Geschichte mit dem Hasen und dem Igel.

Diese Langsamkeit der sprunghaft Schnellen und die Schnelligkeit der stetig Langsamen fallen mir schon lange auf. Als ich dereinst einmal mit der Ente nach Italien unterwegs war, zischten mir die Überholenden nur so um die Ohren. Das Wiedersehen ließ nicht lange auf sich warten: auf dem Parkplatz der nächsten Raststätte. Ich frage mich auch, welchen Vorteil es bringen soll, ein paar Minuten oder möglicherweise gar eine Stunde früher anzukommen. Die Schnellen, Eiligen können ohnehin nichts mit gewonnener Zeit anfangen und müssen dann viel Geld ausgeben, um sich davon abzulenken. Die Langsamen indes, die es sich wohnlich eingerichtet haben in ihrer Zeit, sind ja schon unterwegs am Ziel und haben alles, nur keine Eile. Merkwürdig ist es auch, dass jene, die nicht messerscharf verplant auf ihre Termine zueilen, sondern rechtzeitig aufbrechen und sich gemessen bewegen, meist pünktlich eintreffen, während jene, die hinter der Zeit herjagen, immer ein wenig hinter ihr zurückbleiben. Es ist eben alles nicht so einfach mit den zwei Gesichtern der Zeit, mit dem punktuellen *Kairos* und dem strömenden *Chronos*. Und ich lüge mir dabei ja auch häufig selbst in die Taschenuhr. Nicht jeder Tag ist Radwandertag und nicht allzu oft ist es mir gegönnt, wunschlos und ziellos durch die Welt zu mäandrieren oder auch ganz still und ruhig und ohne Bewegung darauf zu warten, dass mir Flügel wachsen. Aber das wird sich ändern, jawohl. Habe ich mich bisher vor mir hergetrieben, um meine Faulheit zu bemänteln, werde ich mich fortan zu ihr bekennen. Habe ich bisher aus Angst vor lähmender Langeweile und dumpfer Verdummung viel zu wenige Pausen zugelassen, werde ich es fortan wagen, mich in meditativen Weiten zu verlieren, auch wenn mir dabei weniger als nichts einfallen sollte oder so manches entfallen. Mein berufliches Fortkommen und das damit verbundene Einkommen werden sich in ein für das Überleben notwendige Mindestmaß fügen müssen. Hinfort, mit dir, Ehrgeiz! Weiche, Eitelkeit! Schweig stille, Habgier! Es könnte natürlich sein, dass nach ausgiebig gelebten Phasen der Faulheit meuchlings so etwas wie frische Tatkraft keimt. Gut möglich auch, dass sich in die wunschlose Leere restlos und nachhaltig verinnerlichten Innehaltens der Keim einer mächtig wuchernden Vision senkt und es schändlich wäre, ihr nicht mit allen Kräften zu dienen. Was tun oder lassen, wenn ein heimtückischer Verleger mit eben jenem Buchprojekt an mich herantritt, von dem ich zeit Lebens geträumt habe? Ja und … es ist natürlich schon denkbar, dass mir eine neue alte Taschenuhr unterkommt, ohne die das Leben nur halb so schön wäre – jedoch, es fehlt an Barem. Manchmal sind die Vorsätze gut, aber der Sündenfall ist besser.

Damit es aber dennoch glaubhaft bleibt, dass Immerstrebend-sich-Bemühen am Ende zur Errettung führen könnte, muss ich jetzt noch von den Katzen erzählen, die mein Leben begleitet haben und hoffentlich bald wieder begleiten werden. Ich bin nämlich aufrichtig bemüht von ihnen zu lernen. Keine war wie die andere, aber alle beherrschten die Kunst der Entspannung, des Innehaltens, bis zum fast schon molluskenartigen Exzess, verbunden mit der Fähigkeit, sich bei Bedarf übergangslos in reaktionsschnelle Muskelbündel zu verwandeln. Außerdem missbilligten sämtliche schnurrigen Mitbewohner und Mitbewohnerinnen zutiefst meine Phasen kreativen Irre-Seins, verbunden mit verkrampfter Anspannung, lächerlicher Konzentration auf Themen, die für eine Katze ohne jede Bedeutung sind, und unzuverlässiger Verabreichung von Futter. Sie haben es gelassen hingenommen, weil sie stets ahnten, spürten, wussten: Er wird schon wieder, der Alte.

Genau das sage ich mir auch.

Epilog

So! Das war er, der letzte Satz, liebe Leserin, lieber Leser. Schade, dass Sie den Urschrei nicht hören konnten, den ich soeben ausgestoßen habe – klang wie immer unterhaltsam peinlich, irgendwie nach pubertierendem Tarzan im Stimmbruch. Meinem Wohnungsnachbarn ist dieser akustische Fehlgriff aber wohl kaum entgangen. Jetzt lächelt er vermutlich sanft in seinen Bart. Er ist ein weiser Mann, tolerant und mitfühlend. Und er weiß auch, dass ich nun innehalten werde, wohl oder übel.

Impressum

ISBN 978-3-222-13297-1

styriabooks.at

4. Auflage 2011

Bildnachweis:
Hauke Dressler: 9, 10, 89, 90
Sammlung Komarek: 59, 60
Alle anderen Fotos: Alfred Komarek

Umschlag- und Buchgestaltung:
Bruno Wegscheider

Reproduktion:
Pixelstorm, Wien
Druck und Bindung:
Druckerei Theiss GmbH,
St. Stefan im Lavanttal